Wenn ich meine Schuhe anziehe,
bin ich drei cm größer.

"Jeden Morgen gibt es nur einmal im Leben." - einer von vielen Denkanstößen, nicht nur zum Thema Kleinwuchs. Lebensnahe Eindrücke und Überlegungen eines Menschen wie du und ich.

Ralf Grünke

© 2021 Daniel Marc Daum

Autor & Illustration: Daniel Marc Daum
Lektorat: Tabea Seeborg

Auflage: November 2021

Herstellung und Verlag:
BoD – Books on Demand, Norderstedt

ISBN: 978-3-7357-5116-4

VORWORT
EINLEITUNG

KAPITEL 1
Gisela Daum (Meine Mutter berichtet)
KAPITEL 2
Mein Leben als Kleinwüchsiger
KAPITEL 3
Kleinwuchs kann etwas ganz Normales sein

Meine Lebenserfahrungen und Ansichten als kleinwüchsiger Mensch in den drei Lebensabschnitten meines Lebens, der Vergangenheit, der Gegenwart und der Zukunft.

KAPITEL 4
Vergangenheit
KAPITEL 5
Gegenwart
KAPITEL 6
Zukunft

KAPITEL 7
David Daum (Mein Bruder berichtet)
KAPITEL 8
Mein Kleinwuchs (Cathy Stevenson - USA)

GLÜCK UND UNGLÜCK (Axel Kühner)

DANKE
ÜBER DEN AUTOR

Interview mit Daniel:
Über Barrierefreiheit reden

VORWORT
David Daum

Freundschaft zu pflegen, ist etwas sehr Schönes. Im gegenseitigen Geben und Nehmen wird das Leben vielfältig bereichert. Das eigene Verständnis und der Horizont erweitern sich; Zusammenhalt und Fürsorge entwickeln sich. Das Dasein wird lebenswert.

Unsere Freundschaft zu behinderten Menschen ist etwas besonders Wertvolles. Diese Erfahrung wird derjenige machen, der sich dafür die Zeit nimmt.

Eine erste Begegnung mit körperlich oder geistig benachteiligten Menschen wird früher oder später für jeden von uns Gegenwart und Realität sein. Dann sind wir gefordert.

Anfängliche Blicke und Neugier sollen zu echtem, natürlichem Interesse werden. Das zunächst Befremdliche wird dann schnell vertraut.

Wer die Gelegenheit wie ich in der eigenen Familie hat, dem wird eine Freundschaft viel bedeuten. Von Kindheit an habe ich das Familienleben mit meinem kleinwüchsigen Bruder Daniel miterlebt. Achondroplasie als Begriff war mir bis zum heutigen Tage ein Fremdwort.
Aber Daniel als Mensch ist für mich ein Stück

Normalität. Er ist sehr schätzenswert, individuell und persönlich wie jeder andere auch. Er hat Intelligenz, Talente, Gaben und Fähigkeiten und es gibt Raum für Entwicklung.

In der Auseinandersetzung mit Kleinwuchs interessiert mich besonders das, was Daniel über sich selbst und sein Leben zu sagen hat. Wie er sich selbst, den Alltag und seine Umwelt erlebt.

EINLEITUNG
Daniel Marc Daum

Wenn mich jemand fragen würde, warum ich das Buch „ICH BIN KLEIN" geschrieben habe, würde ich eine Weile überlegen und dann antworten: Ich habe dieses Buch „ICH BIN KLEIN" geschrieben, weil ich kleinwüchsig bin. Man kann also sagen, dass ich über mich selbst schreibe, über mein Leben mit einer Körpergröße von 130 cm.

Für einen kleinwüchsigen Menschen, auch für mich, ist es schwer, sich selbst mit seinem kleinen Körper zu akzeptieren. Für viele Jahre mochte ich meinen Körper nicht. Ich schaute immer weg, wenn ich Menschen sah, die kleinwüchsig waren. Kleinwuchs war für mich ein Tabuwort. Ich mochte dieses Wort und seine Bedeutung „klein zu sein" nicht.

Ich wollte immer „normal" sein, aber im Alltag musste ich feststellen, dass ich kleinwüchsig bin. Überall, wo ich hinkam, ob beim Einkaufen, auf dem Spielplatz, in der Schule, in der Ausbildung, im Beruf, in der Freizeit, in der Kirche, einfach überall stand meine zu kurz geratene Körpergröße im Vordergrund.

Irgendwann kam der Tag, an dem ich mich mit dem Thema „Kleinwuchs" auseinandersetzen musste. Mein Interesse an Kleinwuchs begann, als ich 25 Jahre alt war. Nun öffnete ich nicht nur meine Augen, sondern ich meldete mich auch im Verein für kleinwüchsige Menschen an; ich hatte Freunde, die kleinwüchsig waren; ich las vieles zum Thema Kleinwuchs. Ich las, wie Kleinwuchs entsteht, wie Kleinwuchs vererbt wird und wie man mit Kleinwuchs im Alltag zurechtkommt.

Ich fing an, mit meinen Eltern über meinen Kleinwuchs zu reden, und ich hörte auch zu, was mir meine Eltern über Kleinwuchs zu sagen hatten. Vor über 15 Jahren fing ich auch an, ein Buch – dieses Buch – über Kleinwuchs zu schreiben. Dies alles und noch einiges mehr verhalf mir in den nächsten Jahren, mein Leben mit Kleinwuchs komplett zu verändern, indem ich meinen Zustand akzeptierte. Dieser Weg der Selbsterkenntnis war nicht einfach. Ich musste sehr viele Luftschlösser abreißen und das tat weh.

„Kleinwuchs" ist ein Buch für alle Menschen, die lernen möchten, ihr Leben zu akzeptieren, und für alle, die nicht in ihren Luftschlössern leben können. Die Medien und unser ganzes Lebensumfeld versuchen uns vorzuschreiben, nach welcher Norm wir zu leben haben. Und da sage ich: „Das geht nicht. Wir selbst können, dürfen und müssen die Norm verändern, sie zu unserer eigenen Norm machen!" Ich lebe in einem kleinen Körper und habe das Recht zu leben, wie ich es möchte, so dass ich dabei auch glücklich sein kann.

Meine Mutter hat mich im Alter von 23 Jahren auf die Welt gebracht. Es war zur damaligen Zeit nicht einfach, ein Kind zu haben, das anders war. Damals war das Medienzeitalter der Aufklärung über Kinder, die anders waren, noch nicht angebrochen und die Menschen glaubten noch lieber an den Zirkus, an Sagen und Märchen. Es war schwer für meine Mutter, in der Öffentlichkeit zu ihrem kleinwüchsigen Sohn zu stehen. Aber meine Mutter hat es auf ihre Weise geschafft, mich so zu lieben wie ich bin. Deshalb bin ich meiner Mutter im Besonderen sehr dankbar für ihren Textbeitrag zu diesem Buch, der sich in Kapitel eins findet. Diese Zeilen hat meine Mutter im Rahmen der Ausbildung „Die Schule des Schreibens" vor zehn Jahren verfasst. Bis kurz vor der Fertigstellung des Buches „Kleinwuchs" wusste ich nichts von diesen Aufzeichnungen meiner Mutter. Aber ich fühlte, dass mein Buch noch nicht fertig war. Es fehlte etwas; ich wusste nur nicht, was? Das Fehlen war wie das Fehlen eines Herzschlages. Es vergingen noch einige Wochen, bis mir meine Mutter sagte: „Daniel, ich habe ein paar Zeilen über dich geschrieben, die du auch in deinem Buch veröffentlichen könntest." Ich dachte: „Ein paar Zeilen, na ja, gut, das können wir machen."

Am Sonntag, eine Woche, darauf erhielt ich eine E-Mail von meinem Vater mit der Betreffzeile „Mein kleinwüchsiger Sohn". Ich öffnete die angehängte Datei und war sprachlos: Es waren über 10 DIN A4-Seiten, die meine Mutter über mich geschrieben hatte und von denen ich nichts wusste. Es waren die Seiten meiner Mutter, die zu meinem Buch gefehlt hatten. Diese zehn Seiten sind der Herzschlag des Buches. Ich danke meiner Mutter sehr für ihre persönlichen Gedanken und Gefühle.

Ich bin mit meinem Kleinwuchs heute selbstbewusster als je zuvor, aber ich muss weiterhin jeden Tag dazulernen und mich überwinden, mich so zu lieben, wie ich bin. Kleinwuchs kann etwas ganz Normales sein, wenn ich es zulasse und wenn die Gesellschaft mich so akzeptiert.

KAPITEL 1
Gisela Daum

DANIEL

Zwei Wochen zu früh! Am späten Nachmittag des 19. Oktober 1970 setzten urplötzlich die Wehen ein. Unser zweites Kind wollte zur Welt kommen. Morgens war ich noch mit dem alten Fahrrad zur üblichen Kontrolluntersuchung gefahren. „Alles in bester Ordnung!", hieß es. „Sie haben noch gut zwei Wochen Zeit bis zur Entbindung."

„Prima", freute ich mich, „dann kann ich noch Apfelmus einkochen und gründlich sauber machen." Wie bei unserem ersten Kind, hatten wir uns auch diesmal für eine „Praxisgeburt" entschieden. Das bedeutete: Geburt in den Praxisräumen des Frauenarztes mit Hebamme und Ehemann. Anschließend zwei Stunden Ruhe und danach mit dem Krankenwagen ab nach Hause. Die darauffolgenden zehn Tage wurde man zweimal täglich durch die Hebamme betreut.

Die Wehen wurden stärker, die Abstände kürzer. Schwester Sophia kam, untersuchte mich kurz, packte mich samt werdendem Vater und vorbereiteter Tasche sofort in ihr Auto. Fünfzehn Minuten später bekam ich einen Einlauf, duschte und begann, in den

Praxisräumen auf- und abzugehen, solange es eben ging. Danach hieß es „rauf aufs Bett" und das Abenteuer „Geburt" konnte beginnen. Vor dem Dammschnitt: Kurze Narkose, aufwachen, der erste Schrei des Kindes – und plötzlich war alles ganz anders. Augenblicklich spürte ich: Etwas ist hier nicht in Ordnung!

Die Stimmung war bedrückend, nicht freudevoll erlösend, wie nach der Geburt unseres ersten Sohnes. Das Schweigen des Arztes verstärkte düstere Ahnungen.

Unser Sohn, Daniel Marc, hatte das Licht der Welt am 20. Oktober 1970 in den frühen Morgenstunden erblickt. Er wurde untersucht, gebadet, angekleidet und ins vorbereitete Wärmebettchen gelegt. Doktor Jacob und meine Hebamme verließen schweigend den Raum. Meinem Mann Andreas wurde übel – übrigens das erste und einzige Mal bei acht Geburten. Warum wurde uns nicht gratuliert? Warum verließen Doktor Jacob und Schwester Sophia schweigend den Raum? Hastig bat ich Andreas: „Bitte gib mir das Kind!" Rasch zog ich Daniel aus, schaute ihn von allen Seiten an, fand aber nichts Ungewöhnliches. Sicher, der Kopf war etwas mehr verdrückt als bei unserem ersten Kind, aber das soll schließlich vorkommen. Auch schienen Höschen und Jäckchen zu groß, trotz kleinster Konfektionsgröße.

Daniel schlummerte friedlich in seinem Bettchen. Angespannt lehnte ich mich zurück. Beruhigend streichelte Andreas meine Hände. Plötzlich betrat Doktor Jacob gemeinsam mit einem uns unbekannten Mann das Zimmer. Er wurde als örtlicher Kinderarzt vorgestellt.

Wieder wurde Daniel ausgewickelt und untersucht. Schweigen, undeutliches Gemurmel. „Lassen Sie Ihren Sohn zu Hause von Ihrem Kinderarzt noch einmal gründlich untersuchen", meinte Doktor Jacob sachlich. Ohne zu gratulieren gab er uns die Hand, wünschte alles Gute, verabschiedete sich eilig.

Noch größere Unsicherheit und Beklemmung breitete sich aus. Obwohl die Geburt reibungslos und schnell verlaufen war, fühlte ich mich grenzenlos erschöpft und verunsichert. Nach zwei Stunden wurden wir mit dem Krankenwagen heimgefahren. Andreas duschte, aß eine Kleinigkeit und ging ins Büro.

Jetzt war ich mit unserem neuen Baby allein; David, unser ältester Sohn, war bei seiner Oma. Zum ersten Mal flossen Tränen. Ich fühlte mich einsam und hilflos, wie gelähmt, unfähig zu begreifen, was passiert war.

Noch am Vormittag kam Schwester Sophia, um

Daniel und mich zu versorgen. Am Nachmittag traf unser Kinderarzt Doktor Mertens ein. Auch er untersuchte Daniel schweigend und fragte dann nach einer Weile sehr vorsichtig: „Gibt es in Ihrer Familie vielleicht auch kleine Menschen?" Ich begriff nichts und meinte nur: „Die Leute in unserer Familie sind natürlich unterschiedlich groß." Der Gedanke an „Kleinwuchs" war mir absolut nicht gekommen. Bedächtig packte Doktor Mertens seine Tasche und empfahl, Daniel demnächst in einer Klinik vorzustellen. Noch immer hatte ich keine Ahnung, was das alles bedeuten sollte. Vielleicht aus Angst vor der Wahrheit kam mir aber auch nicht der Gedanke, genauer nachzufragen. Damals war ich 23 Jahre alt, unerfahren und schüchtern.

Erst als Daniel vier Wochen alt war, fühlte ich mich imstande die Empfehlung unseres Kinderarztes zu befolgen und ihn in einer Klinik untersuchen zu lassen. Andreas besuchte zu dieser Zeit gerade das Ruhr-Kolleg in Essen, um auf dem zweiten Bildungsweg sein Abitur zu machen. Gleichzeitig arbeitete er jede freie Minute in seinem Beruf als Dreher und in den Ferien zusätzlich in einem Büro als Technischer Zeichner. Ich brachte Daniel allein in das nahe gelegene St. Josefs - Krankenhaus. Er wurde gründlich untersucht und geröntgt. Knapp zwei Stunden hat es gedauert, bis Professor Winter mir knallhart und ohne Umschweife mitteilte: „Ihr Sohn ist zwergwüchsig! Erwachsenengröße: Maximal 135 cm, Proportionen: Nicht ausgeglichen, Entwicklung: Normal, aber verzögert.

Kennen Sie „Klein Helmut" vom Zirkus Krone?" Professor Winter sah mich über seine schwarz geränderte dicke Brille abwartend an. „Genau so wird Ihr Sohn als Erwachsener aussehen!" Er gab mir die Röntgenbilder, schüttelte energisch meine Hand und verabschiedete sich offensichtlich völlig ungerührt. Fluchtartig verließ ich das Krankenhaus.

Draußen war es bereits dunkel. Es regnete. Der kalte Novemberwind blies mir schneidend ins Gesicht. Ich verlor meine nur mühsam aufrechterhaltene Fassung und weinte verzweifelt.

Jetzt wusste ich also, was los war, und doch verstand ich es nicht. Andreas nahm mich zu Hause tröstend in die Arme und meinte: „Das werden wir gemeinsam schaffen!" Nach und nach informierten wir unsere Verwandten und Freunde.

Reaktionen: Schweigen, Entsetzen, Fragen, unbeholfenes Trösten. „Das wird sich schon auswachsen", meinten die einen. „Nichts wird so heiß gegessen wie's gekocht wird", sagten die anderen. Ich versuchte tapfer zu sein, obwohl ich mich betrogen und verunsichert fühlte. Hatten wir etwas falsch gemacht? Warum musste das ausgerechnet uns passieren? Ich haderte mit dem Schicksal, mit mir selbst, mit Gott und der Welt. Warum gerade unser Kind? Vielleicht ist es ja nichts wirklich Schlimmes – aber warum unser Sohn? Als Andreas und ich am 18. Oktober 1968 geheiratet hatten, war klar: Wir planen eine Großfamilie. Zehn Kinder sollten es werden.

Ein Haus auf dem Land mit viel Licht, Luft und Sonne. Am 23. August 1969 wurde unser erster Sohn, David Andreas, geboren. Ein gesunder, kräftiger Junge. Mit allen möglichen und unmöglichen Problemen hatte ich vielleicht gerechnet, aber ein behindertes Kind bekommen? Das stand eindeutig nicht auf meiner Liste. Auf meine Warums, Weshalbs und Wiesos konnte mir im Grunde niemand antworten.

DANIEL
MEIN BEHINDERTES KIND

Ich war enttäuscht, zornig auf Gott und die Welt, spürte meine Ohnmacht, wehrte mich gegen das Schicksal und konnte meine Aufgabe nicht erkennen. Äußerlich war ich ruhig und wirkte ausgeglichen, im Inneren fühlte ich mich einsam und hatte das Empfinden, im Grunde von niemandem wirklich verstanden zu werden. Die meisten Leute sprachen mich erst gar nicht auf die Behinderung unseres

Sohnes an, andere verbreiteten unbegründeten Optimismus, der absolut nicht angebracht war, aber niemand sprach mit mir über meine Gefühle. Andreas, mein lieber Mann, ein unkomplizierter und stets optimistischer Mensch, macht sich nie zu viele Sorgen, nimmt die Dinge grundsätzlich so, wie sie sind. „Gefühlssalat" zu sortieren zählt nicht gerade zu seinen Stärken. Ich selbst neige dazu, erst einmal alles für mich zu klären und zu verarbeiten, bevor ich darüber sprechen kann. Dieser Weg ist oft lang, einsam und beschwerlich. Natürlich war ich fest davon überzeugt, alles im Griff zu haben. Schließlich hatte ich Verantwortung für meine Kinder und als Hausfrau war es mir wichtig, alles in bester Ordnung zu halten.

Nachdem uns mitgeteilt worden war, dass Daniels Behinderung in unserem Fall nicht erblich bedingt ist, dass es sich um Neumutation handelt und da auch das Wiederholungsrisiko bei nachfolgenden Geburten zu 99 % auszuschließen war, entschieden wir, weitere Kinder zu bekommen. Am 14. Dezember 1971 wurde unser dritter Sohn, Michael geboren.

Gesund, kräftig und sehr aktiv. Einerseits brachte die Geburt dieses Kindes wieder mehr Gleichgewicht in mein Leben, andererseits fühlte ich mich grenzenlos erschöpft. Warum konnte ich nicht mehr richtig schlafen? Warum war ich so abgrundtief traurig, obwohl ich einen lieben Ehemann, drei süße Kinder und ein einfaches, aber gemütliches Zuhause hatte?

Der Arzt diagnostizierte Erschöpfung, Depressionen. Er schickte mich zu einem Kuraufenthalt ins Sauerland. Ruhe, Entspannung, Erholung, allgemeine Gesprächstherapie. Auf Wunsch Einzelgespräche mit einem erfahrenen Psychotherapeuten. Ich brauche keine Gespräche mit einem Therapeuten. Bei mir ist alles in Ordnung. Ich bin einfach nur müde und erholungsbedürftig – glaubte ich. Vielleicht sollte ich doch ein Gespräch versuchen? Schaden konnte es wohl nicht.

Ein älterer Mann mit weißem Haar, freundlich und liebenswürdig, empfing mich in seinem einfach eingerichteten Büro. Wir plauderten über verschiedene belanglose Dinge, dann sprachen wir auch über mich und meine Familie. Doktor Lucado bat mich um ein Familienfoto. Plötzlich musste ich weinen, und erklärte, dass ich noch nicht in der Lage sei, Familienfotos zu machen, weil ich unsere Familie irgendwie als „defekt" empfand. Zwar hatte ich Schuldgefühle, konnte aber nichts ändern. Durch weitere Gespräche wurde mir klar, dass ich mein „Danielproblem" erfolgreich unter den berühmten Teppich gekehrt hatte. Ich war weit davon entfernt, es angenommen oder gar verarbeitet zu haben.

Gemeinsam sprachen wir über Verhaltensmuster, die mir helfen sollten, mein Problem zu lösen. Erstens: Die Behinderung meines Sohnes als „mir gestellte Aufgabe" bewusst annehmen. Zweitens: Mit Daniel in die Öffentlichkeit gehen. Drittens: Offen und frei mit anderen Menschen über Daniels Behinderung sprechen.

Langsam begann ich zu begreifen, anzunehmen und mir bewusst zu machen, dass ich mit der Behinderung unseres Sohnes vor einer besonderen Herausforderung stand. Nach und nach konnte ich mich aus dem Loch herausziehen, in das ich gefallen war.

Daniel war ein sehr liebes und ruhiges Kind – aber er war anders. Selbst ganz kleine Kinder nahmen den Unterschied wahr. Morgens war ich mit meinen drei Söhnen unterwegs zum Einkaufen. Daniel und Michael lagen im Zwillingswagen nebeneinander. David konnte schon laufen und half beim Wagen schieben. Nachmittags war ich mit den Kindern im Park oder auf dem Spielplatz. Erwachsene und Kinder starrten Daniel an. Meistens ergriff ich die Initiative, sprach die Leute an und erklärte Daniels Behinderung. Oft ergaben sich gute Gespräche. Manchmal war es den Leuten peinlich, wenn ich sie beim „Anstarren" ertappt hatte.

Einmal waren wir im Freibad. Die Sonne schien,

es war herrlich warm. Wir saßen mit David, Daniel und Michael auf unserer Decke und verteilten gerade den Imbiss. Plötzlich, wie aus dem Nichts, standen zuerst Kinder, dann sogar Erwachsene um unseren Lagerplatz herum und bestaunten schweigend das ungewohnte Bild. Ein etwa vier Jahre altes Mädchen löste sich aus der Gruppe, beugte sich zu Daniel, streichelte seine Wange. „Wunderst du dich, dass dieses Baby anders aussieht als die meisten Kinder?", fragte ich. Eifriges Nicken. Dann erzählte ich von kleinen und großen Menschen, von Zwergen und Riesen. Die Kinder setzten sich zu uns, hörten zu, stellten Fragen und spielten dabei mit unseren Söhnen.

Gern wollten sie uns Gutes tun, boten Spielsachen und Bonbons an. Auch die Erwachsenen entspannten sich und kamen mit uns ins Gespräch. Wieder einmal war ich über mich selbst hinausgewachsen, hatte einen kleinen Sieg errungen und einen weiteren Schritt in Richtung „mich der Aufgabe stellen" und Bewältigung geschafft. Mal vom Anstarren und Schweigen abgesehen, waren die meisten Erfahrungen positiv. Besonders als Daniel älter wurde und laufen konnte. Süß, niedlich, goldig – viele Leute blieben stehen und schauten Daniel wohlwollend nach.

Sogar Schokolade, Bonbons und Münzen wollten sie ihm schenken. Daniel genoss seine „Auftritte" in der Öffentlichkeit sehr. Nicht selten musste ich, in Daniels Interesse, eingreifen und dankend ablehnen.

Unser kleiner Sohn war ausgesprochen ehrgeizig. Als Daniel nämlich zum ersten Mal den Löffel in die Hand bekam, um „allein Essen" zu üben, gab er den Löffel einfach nicht mehr her. Er nahm ihn sogar mit ins Bett. Ab sofort durfte ihn keiner mehr füttern. Erst mit zwei Jahren lernte Daniel laufen. Wegen der Größe und Schwere seines Kopfes konnte er nicht krabbeln. Hauptsächlich bewegte er sich mit Robben und Rollen durchs Zimmer. Zwei Jahre lang, dreimal in der Woche, war wegen seiner Bindegewebeschwäche Gymnastik und Massage angesagt. Daniel war begeistert. Niemand kann sich vorstellen, wie unglaublich stolz unser kleiner Mann war, als er endlich auf eigenen Füßen stand und laufen konnte. An der Hand geführt werden? Keine Chance! Das kam von Anfang an nicht in Frage. Daniel lehnte sehr entschieden jede Hilfe ab. Lieber fiel er 100-mal hin und stand wieder auf, als dass er Hilfe angenommen hätte. Hinfallen war schon ein besonderes Problem. Mehr als einmal musste eine Platzwunde am Kopf genäht werden. Schließlich entwickelte Daniel eine geschickte „Hinfalltechnik", die größere Verletzungen weitgehend ausschloss.

Ab dem vierten Lebensjahr besuchte Daniel den Kindergarten. Mit sieben Jahren kam er auf

Empfehlung des Schulpsychologen in eine Schule für körperbehinderte Kinder. Ab der siebten Klasse konnte er auf die Hauptschule wechseln. Mit Notendurchschnitt 1,8 machte er seinen Abschluss. Nach gründlicher Berufsberatung entschied Daniel sich selbst für eine Ausbildung zum Technischen Zeichner (Feinwerktechnik) in Nürnberg, einer Einrichtung für behinderte junge Erwachsene.

Das bedeutete für ihn, in allen Bereichen selbständig und eigenverantwortlich zu werden. Das erste Jahr war am schwierigsten. Jede Woche telefonierten wir mehrere Stunden mit Daniel. Einmal im Monat durfte er nach Hause kommen. Auch hier führten wir stundenlange Gespräche und ermutigten ihn. Eine riesengroße Hilfe für Daniel war damals seine Zugehörigkeit zu unserer Kirchengemeinde in Feucht bei Nürnberg. Dort fand Daniel viele gute Freunde, Unterstützung und Zuspruch. Nachdem Daniel seine Ausbildung nach dreieinhalb Jahren erfolgreich abgeschlossen hatte, entschied er sich für einen zweijährigen Missionsdienst der Kirche Jesu Christi der Heiligen der Letzten Tage. Sein Wirkungskreis war in Hamburg. Danach arbeitete er eine Zeitlang in Papas Büro und schrieb nebenbei sein kleines Büchlein: „The Life – Das Leben in drei Zeiten".

Jahre später, bei einem spontanen

Freundschaftsbesuch in der Gemeinde Feucht, wurde Daniel überraschend ein Arbeitsplatz in seinem Beruf angeboten. Wieder zog Daniel in die Ferne, inzwischen an Selbständigkeit und Unabhängigkeit gewöhnt. Nebenbei war Daniel sowohl in der Gemeinde Feucht als auch in der Gemeinde Freiburg immer ehrenamtlich tätig. Hauptsächlich als Gemeindesekretär, als Familienbetreuer und als Lehrer für Jugendliche im Religionsseminar.

Seit Anfang 2004 ist Daniel wieder bei uns zu Hause. Mit seinem jüngsten Bruder Simon und einem Studenten wohnt er in einer separaten Untergeschosswohnung unseres Hauses. Wieder sucht Daniel Arbeit in seinem Beruf. Im Moment verdient er etwas Taschengeld, indem er über das Internet für andere Leute Verkäufe tätigt, zum Beispiel Musikinstrumente, Computer, technisches Zubehör, Bücher und so weiter. Auch hat Daniel ein neues Hobby entdeckt: Kunstmalen. Einige seiner Bilder hat er inzwischen mit Erfolg verkauft.

Ab dem 1. Juli 2004 hat Daniel über das Arbeitsamt Freiburg im Rahmen einer ABM-Maßnahme überraschend Arbeit für ein Jahr bei dem gemeinnützigen Verein Inova gefunden. Dort kann er seine zu Hause erworbenen Kenntnisse bezüglich Internetauktionen sehr gut nutzen. Der Verein betreibt ein Kaufhaus mit zum Verkauf wieder aufbereiteten

Gebrauchsgegenständen. Das aktive Arbeitsleben tut Daniel sehr gut. Es schenkt ihm neuen Mut, Selbstvertrauen und Hoffnung für die Zukunft.

JULI 2013

Heute kann ich berichten, dass Daniel in den vergangenen Jahren zeitweise arbeitslos war, aber nie untätig. Seine zweite Ausbildung zum Bürokaufmann hat er 2008 erfolgreich abgeschlossen. Zunächst hatte Daniel mehrere befristete Arbeitsverträge.

Seit ca. drei Jahren ist Daniel fest angestellt, im öffentlichen Dienst für die Abrechnungen von Krankenkassen.

DANIEL
FAMILIÄRE ERFAHRUNGEN

Wie gingen wir als Eltern mit der Tatsache um, ein kleinwüchsiges Kind zu haben?

Als wir völlig unvorbereitet erfuhren, dass unser Sohn Daniel kleinwüchsig ist, waren wir zunächst hilflos und betroffen. Als Eltern hatten wir mit solch einer Möglichkeit einfach nicht gerechnet. Erwiesenermaßen haben besonders Mütter Schuldgefühle, wenn sie ein behindertes Kind zur

Welt bringen. Es gibt zwei Möglichkeiten sich mit der Tatsache „Behinderung" auseinanderzusetzen: Entweder versteckt man sich selbst und das behinderte Kind, verdrängt das Problem und bekommt psychosomatische Störungen, oder man steht zu der Behinderung. Man nimmt die Herausforderung an und betrachtet es als seine Aufgabe, dem behinderten Kind so viel Hilfe und Förderung wie möglich zu geben.

Welche Bedeutung hatte dies für die gesamte Familie?

Zunächst einmal war wichtig, dass alle Familienmitglieder über die Behinderungsart informiert wurden, damit sie vernünftig und angemessen mit Daniel umgehen konnten. Das bedeutete einerseits: Jede mögliche Hilfestellung geben, andererseits: Selbständigkeit und Eigenverantwortlichkeit unterstützen und fördern.

Welche Unterstützung innerhalb und außerhalb der Familie war für Daniels Entwicklung notwendig?

Hilfen innerhalb der Familie:

Keine übertriebene Fürsorge
Kleidung, Spielsachen und Lernmaterial in

Reichweite lagern
Stufentreppe bereitstellen, um Lichtschalter,
Waschbecken und Schränke zu erreichen
Alle notwendigen Hilfestellungen geben
Selbständigkeit in jeder Beziehung fördern
Talente fördern: Handwerk, Musik, Schwimmen
Dreirad-, Kettcar-, Roller- und Fahrradfahren lernen
Daniel, so normal wie möglich behandeln
Die Behinderung nicht in den Vordergrund stellen.
Das bedeutete: Nicht beim Anschauen des bestehenden Problems verweilen, sondern die Energie auf mögliche Lösungen konzentrieren

Hilfen außerhalb der Familie:

Regelmäßige Arztbesuche
Gymnastik und Massage, wegen Bindegewebe- und Muskelschwäche
Kindergartenbesuch
Schule für körperbehinderte Kinder, die, neben den üblichen Schulfächern, besonders für das Alltagsleben trainierte: Einkaufen gehen, kochen, putzen, handwerkliche Tätigkeiten, Bus- und Bahn fahren, telefonieren, selbstbewusst auf Menschen zugehen, um Hilfe bitten, und so weiter
Musikunterricht: Blockflöte, Trompete (Kornett)
Kurse: Werken, Nähen, Malen, Reiten, Schreibmaschine schreiben, Umgang mit dem Computer

Teilnahme am Pfadfinderprogramm
Teilnahme am kirchlichen Gemeindeleben
Schulwechsel ab der siebten Klasse auf die Hauptschule
Ausbildung zum Technischen Zeichner
Ausbildung zum Bürokaufmann
Autoführerschein

Welche speziellen Herausforderungen hat ein kleinwüchsiges Kind?

Das kleinwüchsige Kind braucht eine gesunde Portion Selbstvertrauen, um sich trotz seiner geringen Körpergröße durchzusetzen. Viele Dinge liegen außerhalb seiner Reichweite. Das Kind braucht Hilfsmittel, zum Beispiel: Fußbank oder Leiter. Es muss mutig genug sein, Menschen ohne Scheu selbstverständlich um Hilfe zu bitten, etwa beim Einkaufen, wenn die gewünschten Lebensmittel zu weit oben im Regal liegen. Kleidung muss geändert werden, um passend zu sein. Der Arbeitsplatz größengerecht angeordnet werden.

Autofahren: Grundsätzlich nur mit Automatikgetriebe und speziellen Verlängerungen für Fußpedale.

Gesundheit: Daniel kann nicht zu lange gehen oder stehen Probleme mit der Wirbelsäule Atemstörungen

Krankheiten: Neben den üblichen Kinderkrankheiten hatte Daniel im Alter von sechs Wochen eine Lungenentzündung

Ohrenschmerzen
Hörschwäche
Wachstumsschmerzen
OP: Paukenröhrchen
OP: Beinbruch
OP: Eingeklemmter Nerv an der Wirbelsäule
OP: Nase

Körperhygiene:

Kein Problem – mit bestimmten Techniken kann alles selbst erledigt werden

Besonderheiten:

Schwierige Pubertätsphase
Problem: Die eigene Behinderung zu akzeptieren
Problem: Sich selbst anzunehmen
Akzeptieren, dass man vielleicht auf eigenes Ehe- und Familienleben verzichten muss, zumindest ist erschwert, was für andere selbstverständlich scheint
Persönlichen Lebenssinn finden

DANIEL EIN BESONDERES KIND

Als der liebe Gott Daniel erschaffen hat, ist ihm wohl die Form zerbrochen, deshalb ist er etwas ganz Besonderes geworden. Als Eltern sind wir sehr dankbar, dass Daniel zu unserer Familie gehört. Was haben wir miteinander gelernt? Probleme sind: „Uns gestellte Aufgaben!" Schicksal bedeutet: „Uns geschicktes Heil!"

Daniel – Danke, dass es dich gibt!

KAPITEL 2
Mein Leben als Kleinwüchsiger

„Das Denken macht die Größe
des Menschen aus."

*Blaise Pascal (1623 – 1662)
französischer Philosoph und Mathematiker*

Etwa 100.000 Menschen in Deutschland sind kleinwüchsig!

Die Bedeutung von Achondroplasie

„Medizin: erbliche Erkrankung, die gekennzeichnet ist durch Minderwuchs aufgrund eines gestörten enchondralen Längenwachstums, durch Fehlen der Knorpelwachstumszone."

Kleinwüchsige Menschen sind keine
Zwerge oder Liliputaner!

„Du Zwerg" oder „Du Liliputaner" klingt in den Ohren eines kleinwüchsigen Menschen sehr schmerzlich und beleidigend. Es wird als abwertend empfunden, als kleinwüchsiger Mensch, als Zwerg oder Liliputaner bezeichnet zu werden. Kleinwuchs kann entstehen durch: Vererbung: Direkt von den Eltern oder von den Generationen davor.

Krankheiten: Schwere Krankheiten können das Wachstum beeinflussen und bremsen.

Hormone: Wenn die Hormonbildung Somatotropin gestört ist, die für das Wachstum der Knochen und der Muskulatur zuständig ist.

Mutationen: Veränderung des Erbgutes durch Umwelteinflüsse.

WARUM BIN ICH KLEIN

Ein Wissenschaftler fasste einmal ein großes Forschungsgebiet in zwei Sätzen zusammen: "Ein neugeborenes Baby, das auf die Welt kommt, ist an Informationen leer, im Gegensatz zu einem Computer. Das neugeborene Kind ist aber in jeder Hinsicht höher entwickelt als ein Computer."

Immer wieder stelle ich mir die Frage, ob man so ist, wie man geboren wurde, oder ob man das Ergebnis der Erziehung oder seiner Gene ist. Was ist ausschlaggebend: Gene oder Erziehung? Forscher haben herausgefunden, dass 50 bis 60 Prozent der Charaktereigenschaften dem Einfluss der Gene zuzuschreiben sind. Ein Kind, das auf die Welt kommt, ist kein unbeschriebenes Blatt, sondern hat ein genetisch festgelegtes Erbgut und wird von der Natur mehr beeinflusst, als man zunächst dachte.

Als ich auf die Welt kam, stellte man bei mir bald fest, dass ich nicht sehr groß werden würde. Man stellte bei mir Kleinwuchs mit der Bezeichnung Achondroplasie fest.

Meine Körpergröße von 130 cm ist nicht das Produkt des Erbgutes meiner Eltern oder meiner Vorfahren. Unter 10.000 Neugeborenen erlaubt sich die Natur einen Ausrutscher und verändert das Erbgut, wie es bei mir der Fall war. Wenn die Natur im Erbgut einer Pflanze, eines Tieres oder eines Menschen etwas verändert, so nennt man das Mutation, was eine sprunghafte Veränderung im Erbgut eines (Lebewesens) Menschen bedeutet.

Ich bin 130 cm groß, und bis ich meine Größe akzeptiert habe, hat es einige Jahre gedauert. Warum bin gerade ich so klein? Nach der Ursache, dem Warum, fragte ich mich oft und fand doch keine passende Antwort. Auf der Straße höre ich oft, wie kleine Kinder ihren Eltern die Frage stellen „Mama, warum ist der Mann so klein?" oder rufen „Mama, guck mal, der Mann dort!". Meistens geben die Eltern zur Antwort: „Es gibt eben auch kleine Menschen." Diese Antwort der Eltern stimmte mich nachdenklich, und ich kam bald zum Entschluss, dass ich mich nicht immer fragen muss „Warum bin ich so klein?", sondern, dass ich mich so akzeptiere wie ich bin. Es kostet immer viel zu viel Kraft und Energie, mich selbst zu bemitleiden.

Als meine Mutter mich zur Welt brachte, merkte sie instinktiv, dass der Arzt und die Hebamme gleich erkannten, dass mit mir etwas nicht in Ordnung war. Der Arzt und die Hebamme gaben keinen Laut von sich, wie es normal üblich ist, wenn man sich freut, dass ein Baby zur Welt gekommen ist und die Mutter beglückwünscht. Erst einige Wochen später, als sie immer noch nicht wussten, was mit mir los war, ging meine Mutter mit mir ins Krankenhaus zur Untersuchung. Der behandelnde Arzt untersuchte mich sehr gründlich und teilte ihr dann mit, dass ihr Sohn kleinwüchsig ist. Es ist psychologisch nachgewiesen, dass eine Mutter, die ein Kind, das „anders" ist, zur Welt bringt, ein bis zwei Jahre braucht, bis sie ihr Kind ohne Schuldgefühle voll und ganz akzeptieren kann. Meine Mutter überwand ihre Schuldgefühle, indem sie immer mit mir und meinem ein Jahr älteren Bruder spazieren ging und mit anderen Leuten und Kindern über mich sprach, die, wenn sie mich anschauten, zumeist fragten: „Warum ist der Junge so klein?"

IST KLEINWUCHS EIN VORTEIL ODER EIN NACHTEIL?

Früher, als Kind konnte ich mit Leichtigkeit auf einem Stuhl sitzen; die Stühle waren niedriger. Heute sind die Stühle höher, weil der Durchschnittsmensch größer ist.

Kleine Menschen gab es immer schon. Vor ein paar hundert Jahren waren die Menschen alle kleiner, als sie es heute sind. In jeder Phase meines Lebens wurde ich mit meiner Größe, positiv oder negativ, konfrontiert. Jedenfalls wusste ich immer, dass ich kleiner war als die anderen. Die Körpergröße beim Menschen ist, wie viele andere biologische Werte, von Individuum zu Individuum verschieden. Die Grenze zwischen normal- und kleinwüchsig ist willkürlich gesetzt. Für die Praxis kann ein Richtwert von 150 cm beim Erwachsenen angesetzt werden.

Im Kindergarten war mir gar nicht bewusst, dass ich kleinwüchsig bin. Keiner hat was gesagt, gefragt oder mich ausgelacht. Kinder sind in ihrer Art des Fragens sehr direkt und ehrlich. Sie akzeptieren einen leichter als Erwachsene.

Meine Eltern waren der Ansicht, dass ich eine Schule für körperbehinderte Kinder besuchen soll, weil ich mit meinen sieben Jahren noch sehr klein war. Ab der siebten Klasse wechselte ich dann auf eine normale Schule.

Nach der Schule machte ich eine Ausbildung zum Technischen Zeichner von 1989 bis 1993 in Rummelsberg bei Nürnberg. Viele Jahre später, von 2007 bis 2009, machte ich eine Umschulung zum Bürokaufmann in Freiburg im Breisgau.

Zwischen den beiden Ausbildungen war ich viele Jahre ohne Arbeit. In diesen vielen Jahren brachte ich mir selbst das Fotografieren und die digitale Bildbearbeitung bei. Bis zum heutigen Tag verkaufe ich über Bildagenturen über 5.000 Bildlizenzen und bekomme viele kleine Fotoaufträge für mein kleines Ablichtungsstudio und für Außenaufnahmen.

Ich lernte auch das Gestalten von Seiten mit Text, Bild und Grafik, z.B. das Erstellen einer Kirchenzeitung und Plakate für verschiede Veranstaltungen.

Bis zum heutigen Tag verläuft mein Leben gut, natürlich gab es auch Tiefen, aus denen ich glaubte, nicht mehr herauszukommen.

Im Alter von 12 bis 18 Jahren durchlebte ich meine schlimmsten Jahre, in denen ich mich immer gefragt habe: „Warum bin ich klein?" und: „Warum gerade ich?"

Es waren wichtige Fragen, auf die keiner eine Antwort wusste.

Mit ungefähr 25 Jahren sah ich in meiner Größe keinen Nachteil mehr, weil ich gelernt hatte, mich zu akzeptieren und mich selbst zu lieben.

In allem kann ich einen Nachteil suchen und auch finden; und so ist es auch mit den Vorteilen: Ich kann sie finden, wenn ich die Vorteile suche.

Die Zwillinge John und Greg Rice aus West Palm Beach, US-Staat Florida sind 46 Jahre alt und 82 Zentimeter groß.

John und Greg sind Millionäre und gehören zu den reichsten Amerikanern. Sie vermieten und verkaufen Häuser im sonnigen Florida, fahren beide Rolls-Royce (mit Chauffeur) und leben in schönen Villen.

Ihre Firma hat den Namen „Think Big" (Denke groß); das ist ihr Lebensmotto und das Fundament, auf dem sich ihr Erfolg aufbaut.

Greg erzählt: „Wir sind Findelkinder. Als wir auf die Welt kamen, galt Kleinwuchs als Behinderung und war den Leuten unheimlich. Unsere Eltern legten uns im Karton vor eine Klinik. Wir wurden adoptiert, wuchsen auf einer Farm auf." Nach der Schule wurden beide Kosmetikvertreter und erfolgreich, weil sie so ungewöhnlich aussahen.

Dann entdeckten sie das Immobiliengeschäft. John sagt: „Für uns ist schon ein normaler Stuhl eine enorme Herausforderung. Aber wir brauchen das. Würden wir uns zu Hause eine winzige Welt schaffen, wäre das zwar bequem, aber wir würden den Ansporn verlieren."

Ganz nebenbei erwähnt: Greg ist verheiratet. Karen (34) ist mehr als doppelt so groß wie er. Sein Sohn Gregory ist acht Jahre alt und schon einen Kopf größer als sein Vater.

KINDER MIT UND OHNE KLEINWUCHS

Vor einigen Jahren sah ich eine Mutter mit ihren drei Kindern. Eines der Kinder war kleinwüchsig. Er war sieben Jahre alt und hatte Achondroplasie.

Das war sehr schön und zeigt einem, dass das Leben – wider alle Erwartungen in der Schwangerschaft – doch ganz normal weitergeht. Die zwei anderen Kinder und die Mutter waren normalwüchsig und behandelten den siebenjährigen Kleinwüchsigen ganz normal.

Solche Erfahrungen, kleinwüchsigen Menschen im Alltag zu begegnen, sind sehr wichtig für Betroffene und für Eltern mit kleinwüchsigen Kindern.

Aber auch die Begegnung von normalwüchsigen Menschen mit kleinwüchsigen Menschen im Alltag ist für unser soziales Leben von Bedeutung und Wichtigkeit.

Am Anfang meines Lebens dachte ich: „Ja, ich bin anders", aber ich wusste nicht, dass ich kleinwüchsig war, bis ich eines Tages eine kleinwüchsige Frau auf der Straße sah. Von da an war mir bewusst, dass ich kleinwüchsig bin.

Eine Mutter, die ein kleinwüchsiges Kind auf die Welt bringt, denkt vielleicht: „Warum passiert das bei mir?" Wenn Mütter sich diese und andere Fragen stellen, so ist das sehr gut. Das hilft ihnen, besser zu verstehen, warum ihr Kind anders ist, warum es kleinwüchsig ist. Nach der Geburt und der Feststellung, dass ihr Kind kleinwüchsig ist, beschäftigen sich viele Mütter mit dem Thema Kleinwuchs und suchen im Internet, im Verein, im Austausch mit anderen betroffenen Eltern usw. Antworten auf Fragen.
Ich kann sagen, dass Ihr kleinwüchsiges Kind in seinem Wesen ein ganz normales Kind ist, mit allem ausgestattet wie andere Kinder auch. Behandeln Sie Ihr kleinwüchsiges Kind ganz normal, liebevoll und

fürsorglich.

Ein kleines Kind, das kleinwüchsig ist, kann heranwachsen und all das erreichen, was mit seiner Willenskraft möglich ist.

Natürlich gibt es auch Grenzen aufgrund des Kleinwuchses, die nicht überwunden werden können, z.B. wird ein kleinwüchsiges Kind kein 100-Meter-Läufer werden.
Ein kleinwüchsiges Kind lernt schnell seine ihm auferlegten Grenzen kennen und wendet das Blatt um, indem es sich anstrengt, in den Bereichen sehr gut zu sein, die keine Probleme darstellen.

Ein kleinwüchsiges Kind braucht auch Liebe und Anerkennung. Wenn es diese von den Eltern bekommt, dann steht einem schönen und erfüllten Leben des Kindes nichts im Weg.

"Nichts kann den Menschen mehr stärken als das Vertrauen, das man ihm entgegenbringt."

Adolf von Harnack (1851 – 1930)
deutscher Theologe u. Kirchenhistoriker

Aber auch jedes andere Kind bedarf der Liebe seiner Eltern!
Eine 29-jährige Mutter schrieb mir einen Brief, in

dem sie ihre Gedanken über ihre Kinder sehr gut zum Ausdruck brachte:

"...Geröne (der älteste von vier Söhnen) ist am 09.11.1993 sechs Jahre alt geworden. Er geht noch in den Kindergarten, eingeschult wird er erst im nächsten Jahr. Heute war ich bei seiner vierten Schwimmstunde dabei. Es ist einfach toll, wie schnell Kinder lernen und wie viel Spaß sie dabei haben. Ich bin unserem himmlischen Vater so dankbar für unsere Kinder und gerade unser Ältester ist mir oft ein großes Vorbild. Er ist sehr geistig und feinfühlig und spürt sofort, wenn es einem von uns nicht gut geht. Wenn ich mit ihm schimpfe (leider oft unbegründet), dann nimmt er meinen Kopf in seine Hände, gibt mir einen Kuss und sagt mir, dass er mich lieb hat. Unsere Zwillinge sind schon eineinhalb Jahre und wirklich gut dabei. Vor ihnen ist nichts mehr sicher und wenn es plötzlich ruhig wird, dann ist wieder irgendetwas im Busch..."

Ein Familienvater schrieb mir 1993 den folgenden Brief. Damals hatte die Familie fünf Kinder, mittlerweile sind noch drei dazugekommen. In seiner Schlichtheit zeigt er für mich doch eine Tiefe, die ich hier festhalten möchte:

"Lieber Daniel, als absolut schreibfaules Individuum starte ich heute trotzdem einen neuen Versuch. Es ist in dieser Woche sehr ruhig bei uns. Wir haben vier von unseren fünf Kindern gestern in den Zug nach Norden gesetzt. Die werden unseren Verwandten etwas auf den Geist gehen und Christiane und ich genießen es, fast alleine zu sein. Unser kleiner „Rüssel" entwickelt sich prima. Er ist allerdings ein kleines Faultier... viel Schlaf und mit seinen 10 Monaten macht er noch keine Anstalten zu sitzen etc. Nun ja, er hat ja auch noch sein ganzes Leben vor sich."

DER SOHN

Ein Vater verlor seinen Sohn durch Drogen, Alkohol und wegen seiner Unehrlichkeit. Der Vater wünschte sich sehr, dass sein Sohn wieder heimkehrte.

Der Vater kniete sich auf den Boden und betete zum Allmächtigen, er möge seinem Sohn einen Weg zeigen, wie er wieder nach Hause kommen könne.

Das folgende Gebet sprach er aus tiefstem Herzen: „Vater im Himmel. Ich habe Sehnsucht nach meinem Sohn. Ich weiß nicht, was mit ihm los ist. Ich weiß nicht einmal, wo er sich im Moment aufhält.

Vater, ich bete für ihn von ganzem Herzen. Bewahre ihn vor Schaden, hilf ihm doch, gib ihm die Kraft, der Versuchung zu widerstehen.

Hilf ihm und mache ihm Mut für die Umkehr. Vater, ich würde alles geben, um meinen Sohn wieder zu bekommen. Lasse ihn spüren, dass ich ihn liebe und lasse es ihn wissen, Vater, nach Hause führt immer ein Weg. Ich weiß ja, meine Wege sind nicht Deine Wege.

Ich bitte dich, ich weiß nicht, was ich tun soll, gib ihm Einsicht, erweiche ihm das Herz, führe ihn heim." Nach Einsicht des Sohnes und einer langwierigen Therapie kehrte der Sohn wieder heim.

„Wir könnten viel von den Kindern lernen, wenn wir nur nicht so erwachsen wären."

Irmgard Erath

DIENEN: Wir sind alle die Kinder dieser Welt, ob alt oder jung. Wir brauchen Liebe, Fürsorge und die Gemeinsamkeit.

Mutter Teresa, geboren vor 94 Jahren (verstarb am 7. September 1997) als Agnes Gonxha Bojaxiu, war bekannt als „Der Engel der Sterbenden". Sie galt als der Inbegriff von Menschlichkeit und Barmherzigkeit.
„Die schlimmste Krankheit ist heutzutage nicht Lepra oder Aids", pflegte sie zu sagen, „sondern das Gefühl, ungewollt und verlassen zu sein".

Mutter Teresa besaß schon seit langem einen indischen Pass; sie kam am 27. August 1919 als Tochter albanischer Eltern in Skopje auf die Welt.

Mit 18 trat sie in den irischen Zweig des Loretto Ordens ein, absolvierte als Missionsschwester ihr Noviziat im indischen Darjeeling und wurde dann Geographielehrerin in Kalkutta.

Doch um höhere Töchter zu unterrichten, war sie nicht nach Indien gekommen. Sie bat den Vatikan, den Orden verlassen zu dürfen, um in den Slums zu arbeiten. 1949 gründete sie ihren Orden und eröffnete das Sterbehaus in Kalkutta.

Damals warfen die Hindus noch mit Steinen auf die Nonnen. Heute kennt und liebt jeder Mutter Teresa. Sie ist wie Maria ein Symbol der Barmherzigkeit und des Dienens.

PATCHWORT-FAMILIE MIT KLEINWUCHS

Menschen sind etwas ganz Besonderes; je unterschiedlicher die Menschen sind, desto schöner kann das Zusammenleben sein.

Es gibt buntgemischte Partnerschaften und Familien auch unter kleinwüchsigen Menschen.
Es gibt Partnerschaften, in denen beide Partner kleinwüchsig sind, Partnerschaften, in denen die Frau normal gewachsen und der Mann kleinwüchsig ist, und es gibt Partnerschaften, wo der Mann normal gewachsen ist und die Frau kleinwüchsig ist.

Wenn diese drei möglichen Partnerschaften Kinder bekommen, so ist das Verhältnis 50 zu 50, dass ein Kind kleinwüchsig oder normal gewachsen zur Welt kommt. Ich habe viele dieser möglichen Partnerschaften unter Kleinwüchsigen gesehen. Unsere Gesellschaft soll es auch sehen und akzeptieren, dass Groß und Klein der Liebe nicht im Weg stehen.

Menschen in Religionen, damit meine ich alle Religionen, sind auch nicht ganz frei von Vorurteilen gegenüber Menschen mit einer Behinderung.

Die Liebe ist rein und ohne Urteil über einen Menschen.

MIT JEMANDEN REDEN!

Hallo ihr da draußen,

habe euch per Zufall entdeckt und hoffe, hier Menschen zu treffen, mit denen ich mich unterhalten kann. Ich habe im vergangenen November erfahren, dass meine Tochter (7) an einer Skelettstörung erkrankt ist. Seitdem hadere ich mit dem Schicksal, mit mir selbst, Gott und der Welt, würde es ihr so gerne abnehmen und kann es nicht. Warum mein Kind – natürlich würde ich es dem Nachbarn nicht wünschen – aber warum wir??? Eigentlich ist es doch nichts Schlimmes – aber warum wir??? Sicherlich kann mir keiner Antworten auf meine Warums, Weshalbs etc. geben – aber wenn ich wenigstens mit ein paar Menschen sprechen/schreiben könnte, über ihre Erfahrungen, damit zu leben, damit zurechtzukommen, den richtigen Weg zu finden.

Also hoffe ganz viele finden eure Web-Site, es ist eine echte Möglichkeit für Kommunikation und Erfahrungsaustausch. Vielleicht finde auch ich bei euch den Austausch – würde mich echt freuen.

Liebe Grüße
P.

„Die Antwort"

Hallo P!!!

Es hat mich sehr bewegt, deinen Text zu lesen. Nun, ich bin kleinwüchsig und weiß, wie schwer es ist, mit den ach so alltäglichen Dingen des Lebens zurechtzukommen.

Besonders im Kindesalter ist es nicht leicht, da Kinder, aber auch Erwachsene sehr gemein und verletzend sein können. Sie stieren einen an, gucken hinterher, tuscheln, schütteln den Kopf, verletzen mit Worten u.v.m.

Ich bin mittlerweile 27 Jahre, habe eine tolle Familie, die hinter mir steht, superliebe Freunde, und einen Partner, dem es egal ist, ob die Leute gaffen. Und mir ist es mittlerweile auch egal.

Es war ein langer, harter Weg, aber mit viel Liebe und Unterstützung schafft man es. Ich kann dir nur empfehlen: Überbehüte deine Tochter nicht, sondern trau ihr viel zu. Sie macht das! Gib ihr das Gefühl, dass die Leute, die sich an ihr stören, überhaupt keine Ahnung haben, von was sie reden.

Unterstütze sie und zeige ihr, dass sie das größte Geschenk auf Gottes Erdboden ist. Glaub mir, mit viel Liebe wird sie ihren Weg machen.

Meine Oma, die leider nicht mehr lebt, hat einmal zu mir gesagt, als der liebe Gott mich erschaffen wollte, ist ihm die Form zerbrochen, deshalb bin ich etwas ganz Besonderes. Ein schönes Gefühl!!!

Deine Familie und du, ihr schafft das!!!

Alles Liebe
S.

Auszug aus www.kleinwuchs-forum.de (Kleinwuchs-Diskussionsforum, existiert nicht mehr)

Orthopädische Folgeerkrankung bei Kleinwuchs
Im Verlauf unseres Lebens stellen sich oft kleinwuchsspezifische Folgeerkrankungen ein. So kennen die meisten von uns die Begriffe „Spinalstenosen" und „Arthrosen". Die einen kennen sie als persönliche Diagnose; die anderen befürchten, dass diese Erkrankung sie im Laufe ihres Lebens ereilen könnte.

Spinalstenosen beschreiben dabei eine Verengung des Rückenmarkskanals, die oftmals bei Menschen mit Achondroplasie auftritt und voranschreitet bis zur möglichen Lähmung der Beine und des Unterkörpers.

Diverse Formen hochgradiger Gelenkarthrosen stellen sich im Laufe des Lebens bei vielen von uns kleinwüchsigen Menschen ein. Die Erkrankungsgrade und Beschwerdeverläufe sind dabei individuell recht unterschiedlich ausgeprägt.

Auszug aus dem VKM –Seminar – Bundestreffen im Mai 2013 in Stuttgart

Im Sommer 1997 wachte ich früh auf wie jeden Morgen, aber irgendetwas sollte anders sein. Ich lag noch im Bett, dachte nach und hörte dem Treiben der Vögel draußen zu.
Als ich allmählich aufstehen wollte, bemerkte ich, dass ich meine Beine kaum noch bewegen konnte.

Mein Gang ins Bad war mühselig und lang. Ich dachte, das könne nicht wahr sein, aber es war so und es sollte noch schlimmer kommen.

Ich sagte zu meiner Mutter: „Ich kann meine Beine nicht mehr bewegen." An diesem Tag blieb ich zu Hause und ging nicht zur Arbeit in der Hoffnung, es würde mir schon bald wieder viel besser gehen. Am nächsten Morgen war es nicht besser, sondern schlimmer. Es war noch mühseliger meine Beine zu bewegen. Meine Mutter fuhr an diesem Morgen mit mir zum Arzt.

Dort stand ich im Behandlungsraum und lehnte mich an eine Bank. Wir warteten auf den Arzt. Nach einigen Minuten des Wartens konnten meine Beine mich nicht mehr halten, die Kraft aus den Beinen verschwand und ich sank zu Boden.

Nun endlich kam der Arzt herein. Er untersuchte mich und stellte eine Diagnose mit dem Verdacht auf Bandscheibenvorfall. Zur genauen Untersuchung und Behandlung wurde ich in die Uniklinik nach Freiburg überwiesen.

Dort untersuchte man mich sehr gründlich, um eine genaue Diagnose geben zu können. Meine Beine konnte ich nicht mehr bewegen, noch nicht einmal meine beiden Zehen. In diesen Momenten der

Erkenntnis denkt man nur noch daran, wieder laufen zu wollen. An einem Freitagabend wurde ich in die Uniklinik Freiburg eingeliefert und am darauf folgenden Sonntagmorgen wurde ich operiert. Die Operation an meiner Wirbelsäule dauerte drei Stunden. Die Operation wurde von einer Oberärztin durchgeführt.

Die Lähmung meiner Beine wurde verursacht durch Spinalstenose, Nerv-Verengung im Lendenwirbel. Während der Operation verlor ich zwei Liter Blut, die mir durch Transfusionen ersetzt wurden. Nach dem Erwachen aus der Narkose war ich froh, dass ich wieder aufgewacht war und dass die Schmerzen im Rücken und in den Beinen weg waren. Mein Gefühl sagte mir, dass die Operation gelungen war. Die Oberärztin kam zu mir ans Bett und fragte: „Wie geht es Ihnen, Herr Daum?" „Mir geht es gut und Schmerzen habe ich auch keine mehr", antwortete ich. Die Ärztin erklärte mir: „Wir haben an zwei Stellen der Wirbelsäule die Nerven frei gelegt. Gleich die ganze Wirbelsäule vom Nerv freizulegen, hätten wir nicht tun können." Und weiter sagte sie: „Es war kein Bandscheibenvorfall, sondern ein Nerv hat sich verklemmt." Zum Glück musste ich nur einmal operiert werden, dachte ich erleichtert. Nur zwei Tage nach der Operation konnte ich meine Zehen wieder einigermaßen bewegen. Ich dankte Gott, dass Er mir das Laufen, das uns so selbstverständlich vorkommt, wieder gegeben hatte. Aufgrund meiner Lähmung lag ich noch drei Monate im Krankenhaus. Acht Wochen davon war ich bettlägerig. An jedem Tag hatte ich zweimal Krankengymnastik. Meine Fortschritte im Laufen und Treppensteigen gingen langsam, aber sicher voran.

Nach meinem Krankenhausaufenthalt traf ich meinen Freund H. R. in unserer Kirchengemeinde. Wir unterhielten uns eine kurze Weile. Dabei muss er wohl bemerkt haben, dass mein Aufenthalt im Krankenhaus mich gefühlsmäßig sehr mitgenommen hatte. Zwei Tage später erhielt ich von ihm einen Brief, über den ich mich sehr gefreut habe. Mit seiner Erlaubnis darf ich den Brief veröffentlichen.

Lieber Daniel!

Ich freue mich, dass Du nach langer Zeit wieder zu Hause sein kannst.

Es war sicher nicht einfach für Dich. Manchmal geschehen Dinge, die wir uns nicht erklären können. Jedes Hindernis in unserem Leben ist jedoch eine Chance zum Wachstum, wie Du weißt. Darum musst Du das Beste daraus machen und positiv denken.

Gott liebt die Menschen mit all ihren Fehlern und Unvollkommenheiten. Mit seiner Hilfe können wir alles erreichen. Wenn Du Glauben in IHN setzt, kannst Du alles vollbringen. Erhole Dich nun gut. Ich wünsche Dir viel Gesundheit und geistige Kraft.

H. R.

KAPITEL 3
Kleinwuchs kann etwas ganz Normales sein, wenn man es zulässt

„Wähle also das Leben, damit du lebst."
Deuteronomium 30, Vers 19

Kleinwuchs kann für Betroffene und Außenstehende etwas ganz Normales sein, wenn sie es zulassen. Aber sicher muss der eine oder andere sich erst daran gewöhnen, dass ein anderer kleinwüchsig ist.

Ein sehr guter Freund von mir hat am 28.11.1992 folgende Zeilen, mit seiner Schreibmaschine, zu Papier gebracht: „Daniel ist ein liebenswürdiger Mann, der Vorbildfunktionen einnimmt – Trotz seiner körperlichen Behinderung – Kleinwuchs – Körpergröße von 130 cm - versucht er, ein ganz normales Leben zu führen.

Er gibt gut vorbereitete Ansprachen und Klassen. Er verfolgt und erreicht großartige Ziele in seiner Berufsausbildung!

In seinem Lehrlingswohnheim setzt er hohe Maßstäbe um sich gegen andere Gleichaltrigen durchsetzte. In seinem Bekanntenkreis ist er missionarisch aktiv und hat schon Freunde zum Gottesdienst mitgebracht.

Wirklich bewundernswert ist seine positive und zugleich realistische Lebenseinstellung. In der Gemeindezeitung hat er einen Artikel über die Notwendigkeit und Freude von positiven Gedanken und konkreter Zielsetzung geschrieben.

Obwohl Daniel eher ein ruhiger Typ ist, entwickelt er tiefgehende Kontakte im Gespräch mit einem oder zwei Gesprächspartnern. Wenn dazu berufen, scheut er sich nicht, vor einer Menschenmenge zu sprechen. Alleine würde er sich jedoch nicht in Szene setzen.

Daniel hat den großen Wunsch, alles zu lernen und zu tun, um ein Erfolg zu erzielen, dabei wird sein Fleiß ihm gewiss behilflich sein. Seine Gedanken sind tief und edel, sein Glaube von großer Stärke."

Christian

Ich habe mich daran gewöhnt, dass es Menschen gibt, die körperlich ganz anders sind. Auch lerne ich immer wieder, die Menschen, die normal groß sind, zu mögen.

Kleinwüchsige Menschen wie ich wünschen sich ein normales Leben. Es ist möglich, ein normales Leben zu führen, auch wenn man körperlich von der Norm abweicht.

Es ist auch ganz normal, dass sich kleinwüchsige Menschen einen Partner wünschen. Aber gerade da liegt die größte Schwierigkeit! Wenn ich, als kleiner Mann, egal mit wem und wo, ob in der Kirche, in der Arbeit oder bei meinen Eltern und Geschwistern, über den Wunsch nach einer Partnerin rede, so höre ich immer das Gleiche:

„Such deine Frau unter den Kleinwüchsigen" – und dann wird nicht mehr darüber geredet, und ich stehe wie immer ganz allein mit meinem Wunsch da.

Ich äußere meinen Wunsch nach einer Partnerin nicht, indem ich sage, dass ich mir eine normal gewachsene Frau wünsche. Ich wünsche mir einfach nur eine eigene Familie.

Ich sage nicht, dass ich eine kleinwüchsige Frau haben möchte, und ich sage auch nicht, dass ich eine groß gewachsene Frau wünsche.

Heute rege ich mich nicht mehr darüber auf, aber früher war es ein großes Problem für mich, wenn andere mir sagten, wo ich hingehöre und wo ich meine Frau zu finden habe.

Ich weiß doch selbst nicht, wo meine Frau ist, wer sie ist und wie groß sie ist. Und ich sage auch nicht zu den normal gewachsenen Menschen, wo sie ihren Partner suchen sollen. Mir ist es gleich, wie groß, wie klein, wie dünn oder wie dick meine Frau einmal sein wird. Bei mir kommt es auf die inneren Werte an und dass sie ein schönes Lächeln hat und dass ich ihr gern in die Augen schaue.

Meine Frau wird mich auf ihre Weise erkennen, davon bin ich überzeugt.

Ich weiß, dass ich kleinwüchsig bin, aber dennoch gibt es Menschen (in der Kirche, Arbeit, Freizeit und in meiner Familie), die meinen, es mir immer wieder sagen zu müssen.

Wie schon erwähnt, kann Kleinwuchs etwas ganz Normales sein, wenn man es zulässt.

Oftmals werden kleinwüchsige Menschen übersehen, übergangen und für nicht voll genommen, weil sie klein sind. Aber mit einem guten Selbstwertgefühl kann auch ein kleinwüchsiger Mensch alles erreichen, z.B. im Beruf und in der Freizeit.

„E.T." – DER AUSSERIRDISCHE

Tamara De Treaux, die kleinwüchsige Frau, die in der Puppe des E.T. steckte, starb mit nur 31 Jahren 1990 an Herzversagen.

Als kleiner Junge war ich immer in Bewegung: Ich rannte sehr gern, sprang auf und ab, fiel auch oft hin, stand aber schnell wieder auf. Ich fuhr leidenschaftlich gern und viel mit dem Fahrrad.

Mein Vater, meine Brüder David und Michael und ich gingen im Sommer 1982 ins Kino. Meine Freude war groß, auch wenn ich nicht wirklich wusste, was mich erwartete. Ich war damals sehr klein, jung, sehr beweglich, immer am Rennen und für andere niedlich anzuschauen.

Im Kino angelangt rannte ich gleich zum meinem Platz mit der richtigen Sitznummer, krabbelte in den Sitz hinauf und wälzte mich hinein, bis ich richtig saß. Wir hatten alle etwas Süßes in der Hand, das wir genüsslich aufaßen.

Mit Bewunderung betrachtete ich die große weiße Kinoleinwand. Im Kinosaal waren viele Kinder mit ihren Eltern. Voller Neugier und Ungeduld wollte ich wissen, wann denn nun endlich der Film begann. Ich wackelte mit meinen Beinen aufgeregt hin und her.

Dann war es endlich soweit: Das Licht wurde langsam dunkler und der Vorhang öffnete sich, der

Filmprojektor fing an zu laufen und brachte Werbung, Werbung – und dann endlich fing der Film an: „E.T."

Es wurde immer ruhiger im Saal, je länger der Film lief. Auch der kleine, zappelige Daniel war still, gespannt, aufgeregt und hatte Tränen in den Augen. Tränen, auch bei der großen Abschiedsszene: Ich wollte nicht, dass E.T. mit seinem Raumschiff die Erde verlässt. Er sollte bei seinen Freunden, bei den Kindern bleiben.

E.T. hat in jedem mit seinem Charme etwas ausgelöst, so auch in mir!

Als ich an diesem Abend den Kinosaal verließ, veränderte sich in meinem Bewusstsein etwas, das mein Leben positiv veränderte: Mir wurde klar, dass klein sein etwas ganz Besonders ist und dass man damit auch sehr gut leben kann.

Beim Hinauslaufen aus dem Kinosaal war es mir sehr wichtig, meinem Vater zu sagen, was mir auf dem Herzen lag: „Papa!" Er drehte sich zu mir um. „Ich möchte auch so ein Fahrrad haben, wie die Jungen im Film eins haben." Einige Zeit später kaufte mir mein Vater von meinem Taschengeld genau so ein Fahrrad, ein BMX-Rad. Ich war so stolz und glücklich, dass ich für viele Jahre in meiner Freizeit nur mit diesem Rad gefahren bin.

Der Film „E.T." verhalf mir in meinem Leben auf eine höhere Entwicklungsstufe der Selbständigkeit mit meinem Kleinwuchs.

WILLOW

Willow ist kleinwüchsig, ein kleiner Kämpfer, der ein großer Zauberer sein möchte. Als ich diesen Film 1988 im Kino sah, eröffneten sich mir ein weiterer Horizont und der Wunsch, mein Leben selbst in die Hand zu nehmen.

Worwick Davis, der im Film den Willow spielt, ist im wirklichen Leben auch kleinwüchsig sowie seine Frau und ihre beiden Kinder.

Im Film Willow habe ich zum ersten Mal so viele, ein ganzes Dorf voll, Menschen gesehen, die kleinwüchsig sind. Ich bekam einen kleinen Eindruck, wie kleinwüchsige Menschen miteinander im Alltag leben.

Der Film „Willow" war in meinem Leben ein weiterer Meilenstein auf dem Weg zur Selbstständigkeit als kleinwüchsiger Mensch.

FÜNF SEKUNDEN

Als ich mal wieder unterwegs war in die Vereinigten Staaten, musste ich in Atlanta umsteigen, um meinen Anschlussflug nach Salt Lake City zu erreichen. Ich stieg aus dem Flugzeug und gelangte in eine große Abfertigungshalle. Dort ging ich zum Gepäckband B16 und holte meinen Rucksack und City-Roller. Mit dem Roller fuhr ich die 50 Meter durch die Halle, um zu meinem Gate zu gelangen. Auf dem Weg merkte ich, wie es auf einmal still wurde.

Für ein paar Sekunden hörte man nichts: kein Reden, kein Klappern, keine Schritte, keine Bewegungen. Alle Augen und die gesamte Aufmerksamkeit waren auf mich gerichtet. Was sahen die alle nur? Einen Kleinwüchsigen mit einem Rucksack auf dem Rücken, der auf einem Roller diagonal durch die Halle fuhr. Da beeilte ich mich, schnell mein Ziel zu erreichen.

Alle gingen wieder ihren Beschäftigungen nach und die Halle füllte sich erneut mit Leben.

DAS GROSSE AUTO

Im März 2001 flog ich von Frankfurt nach San Francisco. Vor dem Abflug reservierte ich mir einen Mietwagen für drei Wochen. Ein Auto mit Handgas und Handbremse auf der rechten Seite. Es war eine Premiere: Das erste Mal in meinem Leben mietete ich ein Auto. Den ganzen Flug lang war ich gespannt. Mein Plan war, von San Francisco nach Salt Lake City zu fahren, also in den Norden und wieder zurück in den Süden.

Endlich in San Francisco angekommen, holte ich mein Gepäck und fuhr mit meinem Roller zur Autovermietung. Am Schalter übergab man mir die Papiere und den Schlüssel zum Auto und teilte mir mit, wo ich das Auto abholen sollte. Alles kein Problem. Ich rollte zur Abholstelle und gab dort am Schalter die Papiere ab. Der nette Mann sagte: „Dort in der ersten Reihe steht Ihr Auto." Ich sah nur die Hälfte der Autos, weil direkt daneben ein großer Pfosten mir die Sicht versperrte. Also ging ich mit dem Schlüssel zu dieser Autoreihe und drückte auf den Schlüssel, weil ich ja nicht wusste, welches denn nun mein Auto war. Ich war überzeugt, dass mein Auto eines der kleineren Autos sein würde, aber dem war nicht so: Da stand ein Auto, weiß und sehr groß, das war meins. Ich bin fast aus den Latschen gekippt vor Verwunderung. Ich ging zurück zum Schalter und fragte zur Sicherheit nach, ob dies wirklich mein Auto war. Der Mann lächelte und bestätigte es.

Mit einer Heidenangst ging ich zurück zu dem großen weißen Auto und dachte: „Oh nein, wie soll ich mit einem so großen Auto fahren?" Dreimal lief ich um das Auto herum, machte dann die Fahrertür auf, kletterte hinein, schaute mir alles an, probierte aus und kam zu dem Entschluss, dass es schon irgendwie gehen würde.

Ich stieg wieder aus, lud mein Gepäck in den Kofferraum und fuhr sehr langsam aus dem Parkgebäude auf die Straße. Nach ein paar Meilen hielt ich an einem See, wo ich erst mal verschnaufen musste. Dass ich es bis dahin geschafft hatte...

Wenn Menschen sahen, wie ich aus dem Auto ausstieg, machten sie große Augen, dass ein so kleiner

Mann so ein großes Auto fuhr. Zweimal wurde ich von der Polizei angehalten. Auch die haben gestaunt.

Nach einer Weile war ich dann doch stolz, ein solches Auto fahren zu können und zu dürfen. Mit diesem Auto bin ich über 6.000 Kilometer durch die Staaten gefahren. In dieser Zeit war mein bester Freund dieses große, weiße Auto.

SPARGEL

Meine Ausbildung zum Technischen Zeichner absolvierte ich in Nürnberg, 400 Kilometer von zuhause entfernt. Ich war dreieinhalb Jahre in Nürnberg und lernte Selbständigkeit in der Ausbildung und Schule, in der Freizeit und im Alltag.

Eines Tages wollte ich etwas ganz Besonderes für mich kochen, also ging ich in ein Geschäft und kaufte Spargel ein und ein paar weitere Zutaten.

Wieder daheim angekommen, packte ich alles aus und stellte einen Topf mit Wasser und Salz auf den Herd. Während das Wasser langsam anfing zu kochen, wusch ich den Spargel und stellte ihn dann für fünf Minuten ins kochende Wasser. Nach fünf Minuten nahm ich den Spargel heraus und legte ihn auf meinen Teller. Über den Spargel goss ich geschmolzene Butter. Voller Freude setzte ich mich an den Tisch, nahm Messer und Gabel in die Hand und fing an, den Spargel zu schneiden. Es war schwer, sehr schwer, den Spargel durchzuschneiden. Endlich hatte ich es geschafft und steckte ein Stück Spargel in meinen Mund. Für eine lange Zeit kaute ich auf dem Spargel herum. Schließlich nahm ich das zerkaute Spargelstück aus meinen Mund und legte es an den Rand meines Tellers. Ich dachte: „Na ja, beim ersten Stück wird das wohl normal sein." Aber auch beim zweiten, beim dritten und beim vierten Stück war der Spargel zäh und nicht klein zu kriegen. Meine Freude an dem Spargel verschwand und ich verlor die Geduld. Ich nahm den Spargel und schmiss ihn in die Tonne.

Damals wusste ich nicht, was ich falsch gemacht hatte. Aber heute weiß ich es: Ich hatte den Spargel nicht geschält. Versuch mal, Spargel zu essen, der nicht geschält wurde.

KLASSENTREFEN VON KLEINWÜCHSIGEN

In einem großen Hotel in New York traf sich eine Schulklasse nach zwanzig Jahren wieder zu einem Klassentreffen. Ziel und Treffpunkt war Samstag, der 10. April 1998 um 11.30 Uhr im Hotel Ariano.
An diesen Samstagmorgen um 7.15 Uhr befand sich im Hotel der großen Eingangshalle noch alles im Ruhezustand. Das Personal war dabei, den Empfang vorzubereiten. Einzelne Gäste, die dort die letzte Nacht verbracht hatten, verließen das Hotel, und das Putzpersonal rückte an, um die belegten und reservierten Zimmer wieder herzurichten.

Währenddessen ging die Sonne fast unbemerkt auf und warf ihre Strahlen auf New York. Die Zeit verging und es wurde 9.35 Uhr. Die ersten Gäste trafen ein, es herrschte ein leichtes Auf und Ab von Gästen, die kamen und wieder gingen, weil sie vielleicht noch etwas zu besorgen hatten oder weil sie noch nie in New York gewesen waren und sich das eine und andere schnell anschauen wollten.
Gegen 11.25 Uhr befand sich im Hoteleingang eine große Menge von Leuten, die alle einmal vor zwanzig Jahren in einer Klasse gewesen waren. Man kannte sich und es herrschte ein heiteres Durcheinander, es entwickelten sich Zweier-, Dreier- und Vierer-Gesprächsgruppen. Die einen lachten und die anderen fielen sich weinend in die Arme. Es wurden Erinnerungen an damals wach und man sprach darüber.
Jeder hatte sich im Laufe der Jahre sehr verändert: Die einen waren verheiratet oder geschieden. Einige hatten sehr großen Erfolg im Berufsleben, während die anderen sich mit dem normalen oder kleineren Erfolg zufrieden gaben. Freundschaften und Feindschaften wurden in dem einen oder anderen wieder wach. In diesem Gemenge bemühte man sich, mit seinem Gepäck an die Rezeption zu gelangen. Diese war völlig überlastet, und die zwei Damen am Schalter mussten sich anstrengen, um nicht den Überblick zu verlieren. Das Telefon klingelte, doch keiner kannte den Aufenthaltsort des Gesuchten.

Langsam, sehr langsam nur kehrte Stille ein und jeder wusste, wo sein Zimmer war. Fast niemand mehr befand sich in der Eingangshalle. Wo waren die Leute? Beim Essen, Schlafen, Spazierengehen oder in der Stadt zum Einkaufen. Es war nun so ruhig, dass man den Sekundentakt der Wanduhr hören konnte, die 13.24 Uhr anzeigte. Draußen spürte man die drückende Hitze der Sonne. Hin und wieder durchquerte ein Gast die Eingangshalle, um nach draußen zu gelangen oder um auf sein Zimmer zu gehen. Diese Stille war undenkbar und doch wahr.
Man hatte sich viel zu sagen und ging doch schnell wieder auseinander, bis man sich beim Abendbankett wiedersah…

FÜNF MINUTEN

"Seid stille und erkennt, dass ich Gott bin!"
46. Psalm, Vers 11

Eltern sagen oft zu ihren Kindern: „Sei still und hör mir zu!" Dabei stellt sich die Frage, wer denn nun zuhört und wer nicht oder wer von den beiden die größere Geduld hat, dem anderen zuzuhören. Die rasante Entwicklung der Wirtschaft führt auch dazu, dass wir uns immer weniger die Zeit nehmen, anderen zuzuhören. Ein Familienvater hört seinen Kindern nicht zu, weil er unter finanziellem Druck steht, der Chef hat keine Geduld, um seinen Mitarbeitern zuzuhören, ein Kind will seiner Mutter nicht zuhören, weil es machen möchte, wozu es Lust hat. Zum Zuhören muss man sich die Zeit nehmen, denjenigen anzuhören, der einem etwas sagen möchte.

Nach sieben Jahren traf ich meinen Ausbildungsmeister wieder, worüber wir uns sehr freuten. Wir redeten eine kurze Weile über die vergangene Zeit und dann hörte er auf zu reden und verabschiedete sich von mir. Ich erwiderte seinen Abschiedsgruß. Während ich von ihm ging, dachte ich: „Komisch, nun sieht man sich nach sieben Jahren wieder und keine fünf Minuten haben wir miteinander gesprochen."

Warum nur fünf Minuten? Die Zeit für mehrere Minuten war da, aber oft habe ich dieses Verhalten bei mir und anderen beobachtet, dass man dem anderen nicht sehr lange zuhört, egal, wie lange man ihn nicht gesehen hat.

„Hör mir zu" bedeutet zu versuchen, sein Gegenüber zu verstehen und Zeit dafür zu haben.

An einem Sonntagnachmittag saß ich vier Stunden in einer Sitzung und hatte rasende Kopfschmerzen. Ich wollte dem Redner nicht mehr zuhören und schaltete innerlich ab. Meine Gedanken kreisten umher, doch nebenbei bekam ich noch etwas mit von dem, was besprochen wurde. Nach dieser vierstündigen Sitzung war ich heilfroh, endlich gehen zu dürfen.

Wir lassen unser Leben oft durch unsere Emotionen so sehr bestimmen, dass man jemandem, den man gern hatte und nach langer Zeit wieder sieht, nur fünf Minuten zuhört, auch wenn man weiß, man sieht ihn danach nie wieder. Wir können aber unser Wollen und unsere Emotionen einsetzen, um dem andern zuzuhören und ihm zu zeigen, dass man ihn ernst nimmt.

Eine andere Zeit, ein anderer Tag. Mir ging es körperlich und geistig sehr gut, ich befand mich in Amerika in einer riesigen Aula mit 4.000 Anwesenden. Vorne stand ein junger Redner, so um die 25 Jahre. Er sprach sehr schnelles Englisch. Begeisternd, mitreißend und lustig brachte er das hervor, was in ihm war und was von ihm kam. Er redete so, dass jeder ihm zuhören musste, der ihn hörte. Diese zwei Stunden vergingen sehr schnell und ich hätte ihm noch mal so lange zuhören können. Hin und wieder sind uns sogar fünf Minuten Zuhören zu viel und wir schalten nach ca. 4 Minuten und 55 Sekunden ab.

Wir Menschen sind dabei, alles Mögliche zu erfinden: Die besten und schnellsten Rechner, Digitalrecorder; und immer muss alles schneller, kleiner und besser werden. Aber eines vergessen wir sehr oft, etwas, das nicht erfunden werden musste: das Reden. Reden wir, aber nicht nur Unsinn, sondern reden wir über das, was uns beschäftigt, was in unserem Inneren ist.

Ich rede sehr gerne, und viele Male habe ich mit Leuten geredet, die Probleme hatten. Meistens fangen die anderen an, mit mir zu reden, wenn es um

Probleme geht oder einfach um das, was sie beschäftigt. Ich höre zu, wenn jemand mit mir redet und spreche dann auch. Je nachdem versuche ich, das Passende zu sagen, aber nicht immer weiß ich, was ich demjenigen sagen soll. So kommt es auch manchmal vor, dass ich nichts sage.

Miteinander reden ist sehr wichtig, besonders in einer Beziehung, denn wenn nicht mehr geredet wird, dauert es nicht mehr lange, bis die Beziehung kaputt ist. Wenn ich Schwierigkeiten mit jemandem habe, dann rede ich. Viel Falsches kann man vermeiden, wenn man miteinander spricht. Ein 18 Monate alter Junge hörte einmal meinen Namen, Daniel; und als ich ihn das nächste Mal wieder traf, sagte er meinen Namen. Ich war sehr erstaunt, dass ein kleiner Knirps mit seinen 18 Monaten sich meinen Namen so gut merken konnte und dass er schon so gut redete.

In meiner Jugendzeit sprach ich in meiner Kirchengemeinde vor über hundert Anwesenden über christliche Themen und ich hatte Angst, als ob die Welt untergehen würde. Das Reden fiel mir sehr schwer. Ich schaute noch nicht einmal den Leuten, die mit mir redeten, in die Augen. Heute ist das alles kein Problem mehr für mich.

KAPITEL 4
Vergangenheit

"Die Erfahrung zeigt, dass jedes Leben, meistens sogar deutlich, aus drei Abschnitten besteht..."

Carl Hilty (1831 – 1909) Schweizer Philosoph

Meine Lebenserfahrungen und Ansichten als kleinwüchsiger Mensch in den drei Lebensabschnitten meines Lebens, der Vergangenheit, der Gegenwart und der Zukunft.

„Ich sinne nach über die Tage von einst, ich will denken an längst vergangene Jahre."

Epheser 2, Vers 7

DIE WILLENSKRAFT

"Wer darf sagen, dass er an der Freude verzweifele, solange noch Arbeiten lohnen und Hoffnung einschlagen?"

Friedrich Schiller (1759 – 1805) deutscher Schriftsteller

Viele Male versuchte ich Brot zu backen, aber jedes

Mal war das Brot, wenn ich es aus dem Ofen nahm, steinhart oder zu weich. Das Brot war manchmal so hart, wenn ich es an die Wand geworfen hätte, so wäre es nicht kaputt gegangen.
Gewiss weiß ich, rein theoretisch, wie man richtig Brot bäckt, aber die Praxis sah bei mir anders aus.

Rezept für ein Weizenvollkornbrot

1 kg Weizenvollkornmehl   (fein gemahlen)
1 1/2 Würfel Hefe
1 Teelöffel Zucker
1 Esslöffel Salz
1 Teelöffel gemahlener Kümmel oder Brotgewürz 680 ml Wasser

Mehl in eine Schüssel geben, die Hefe in etwas lauwarmem Wasser mit dem Zucker auflösen. Mehl, Hefe, Salz, Gewürze und Wasser vermengen und den Teig kräftig kneten. Zugedeckt an einem warmen Ort ruhen lassen, bis sich das Teigvolumen verdoppelt hat. Den Teig nochmals kräftig durchkneten, in eine gefettete Kastenform füllen. Nochmals zugedeckt gehen lassen. Die Oberfläche des Brotes mit Wasser bestreichen. Auf mittlerer Schiene bei 180 bis 200 Grad, im vorgeheizten Backofen, ca. 1 Stunde goldbraun backen. Garprobe machen. Kurz in der Form auskühlen lassen, dann auf das Kuchengitter stürzen. Guten Appetit!

So einfach kann Brotbacken sein, wenn man ein Rezept hat und die darin beschriebenen Anweisungen befolgt.
Für jeden Wunsch und jedes Ziel in unserem Leben gibt es ein Rezept mit Anweisungen, um es erreichen zu können.

Ein Auto zu fahren, war für mich als Kind ein sehr großer Wunsch, den ich mir einmal erfüllen wollte. Da ich mit meinem Kleinwuchs nicht lange laufen und stehen kann, hatte der Wunsch nach einem Auto in meinem Leben einen sehr hohen Stellenwert. Mit 24 Jahren habe ich meinen Führerschein gemacht und in meinem 26. Lebensjahr hatte ich ein Auto – mein lang ersehnter Wunsch.

In vielen Dingen war ich nicht der Schnellste, aber ich erreichte viel, weil ich es wollte. Wie meine Mutter erzählte, wollte ich ab dem Zeitpunkt, als sie mir den Löffel in die Hand gab, selbst essen, und ab da durfte mich keiner mehr füttern. Laufen konnte ich erst mit dem zweiten Lebensjahr. Motorisch war ich weniger geschickt als andere Kinder, weil meine Knochen klein und schwach waren. Zwei Jahre ging meine Mutter dreimal wöchentlich mit mir zur Krankengymnastik. Solange ich noch nicht laufen konnte, rollte ich mich auf dem Boden von einem Ort zum anderen.
Mein Wille, mich im Leben zu entwickeln, war da,

aber heute vergesse ich manchmal diese Willenskraft, weil ich mich vom Alltag zu sehr ablenken lasse oder weil ich mich mit Gedanken umgebe, die nicht immer positiv sind und die mich in meinem persönlichen Fortschritt hemmen.

Helen Keller war eine Frau, die es gelernt hat, mit ihrem Schicksal fertig zu werden. Trotz mehrfacher Behinderung schaffte sie es, ihr Leben zu meistern und sie fand ihren Weg, wie sie glücklich sein konnte. Wenn jemand Grund zum Jammern hätte, so wäre es sicherlich Helen Keller gewesen. Sie kam taub, stumm und blind zur Welt; unfähig, sich wie andere Menschen auf natürliche Weise verständlich zu machen.

Ihr Tastsinn war ihre einzige Verständigungsmöglichkeit mit der Umwelt. Helen Keller wurde trotz ihres Schicksals eine fröhliche und glückliche Frau. Sie verstand es, das Glück zu suchen und es auch zu finden. In ihrem Buch „The Open Door" bringt sie ihre Vorstellung von Glück zum Ausdruck:

„Würden diejenigen, die das Glück suchen, nur eine kleine Minute innehalten und nachdenken, dann würden sie erkennen, dass die Freuden, die sie bereits erfahren, so zahlreich sind wie die Grashalme zu ihren Füßen oder die im Morgenlicht auf den Blüten funkelnden Tautropfen."

Da ich das zweitälteste von acht Kindern bin, gab es für meine Person keine Zeit für Mitleid und für zu viel Beachtung. Dafür bin ich meinen Eltern sehr dankbar, denn bemitleidet zu werden, konnte ich in meiner Entwicklung zur Eigenständigkeit am wenigsten gebrauchen.

Meine zwei Brüder David und Michael und ich wuchsen zusammen auf. Vier Jahre später bekam meine Mutter noch fünf weitere Kinder hintereinander – Maja, Jonas, Mirja, Elisa und Simon. Es entstanden zwei Altersgruppen: wir drei, die „Großen" und die fünf, die „Kleinen". Wir, die drei großen Brüder, verbrachten sehr viel Zeit zusammen auf dem Bauernhof, der in der Nachbarschaft war. Wir waren bei den Pfadfindern und besuchten viele Zeltlager. Dreimal waren wir mit unserm Vater ganz alleine Zelten.

David, der ein Jahr älter ist als ich, ist eine ruhige Persönlichkeit und weiß genau, was er will. Er ist heute von Beruf Case Manager und arbeitet in Basel, mit gesundheitlich eingeschränkten Menschen, um ihnen Integration ins Berufsleben zu ermöglichen.

David hat eine völlige Ruhe in sich, so dass sich meine Mutter früher oft aufregte und zu ihm sagte, dass er nie eine Frau bekäme, wenn er sich nicht auf die Suche macht. Heute hat David eine wunderbare Frau, die aus der Schweiz kommt.

Michael ist ein Jahr jünger als ich. Sein Wesen ist sehr lebendig und er war stets zu den üblichen Jungenstreichen aufgelegt. Auch er weiß genau, was er will. Heute ist er ein sehr erfolgreicher Steuerberater. Sein Talent ist es, sich im Steuerrecht sehr gut auszukennen und er weiß auch dieses Recht anzuwenden. Er lebt mit seiner wunderbaren Frau und seinen beiden Söhnen im schönen Schwarzwald.

Unsere „Dreier–Gemeinschaft" verbindet uns bis heute noch. Wir haben vieles gemeinsam, obwohl wir innerlich und äußerlich sehr verschieden sind. Unsere Eltern gaben uns ein Heim, in dem wir Kinder uns sehr wohl fühlten und in dem der christliche Glaube gepflegt wurde.

Unsere Eltern legten viel Wert darauf, dass unsere Familie einmal die Woche zusammen kam zum Beten, Singen und zu gemeinsamen Gesprächen.

MUSIK

Musik spielte in unserer Familie auch immer eine große Rolle. Mein Vater spielt Orgel, Klavier und Akkordeon. Meine Mutter spielt Querflöte. Alle Geschwister spielen ein oder zwei Instrumente.

Zusammen mit meinen Brüdern habe ich bei Jugend musiziert im Trio Trompete gespielt. Wir haben sogar einen Preis gewonnen. Mein jüngster Bruder, hat über hundert Songs geschrieben, sie im Internet veröffentlicht und zwei CD,s herausgebracht.

OMA UND UROPA

Zu unserer Familie gehörte auch meine liebe Oma, die Mutter meiner Mutter, Irmgard Stebner. Sie ist zwei bis dreimal im Jahr für sechs Wochen zu Besuch gekommen, um meine Mutter bei der Haus- und Gartenarbeit zu unterstützen. Sehr gern ist sie auch mit uns immer in Urlaub gefahren. Nachmittags ist sie mit uns Kindern oft auf den naheliegenden Waldspielplatz gegangen, wo wir uns so richtig austoben konnten. Oma war immer sehr hilfsbereit und voller Energie. Sie hat für die ganze Familie endlos viele Wollsocken gestrickt. Im letzten halben Jahr vor ihrem Tod lebte sie ganz bei uns. Leider starb sie schon im Alter von 80 Jahren bei uns zu Hause. Wir hätten sie sehr gern noch länger bei uns behalten.

Der Großvater meines Vaters, Josef Daum, lebte zehn Jahre lang mit uns im gleichen Haushalt. Er war sehr lieb und der ideale Babysitter, weil er immer sehr gern mit uns spazieren ging. Die zwei kleinsten Geschwister saßen im Zwillingswagen und rechts und links liefen wir Großen mit. Opa war im ganzen Dorf bekannt, weil er nicht nur mit uns jeden Tag spazieren ging, sondern auch immer freudig Lieder sang, die über das ganze Tal schallten. Opa war sehr kontaktfreudig. Er hat es nie versäumt mit den Leuten im Dorf ein Schwätzchen zu halten. Als Opa 90 Jahre alt wurde, gab es sogar ein Foto mit ihm, plus Kinderwagen und zwei weiteren Kindern mit einem Bericht in der Zeitung.

Opa hat jeden Tag beim Bauer frische Milch geholt und uns Kinder mitgenommen. Mich hat er in meinem ersten kleinen Kettcar an einem Seil hinter sich hergezogen. Die anderen Geschwister liefen voraus. Auch kann ich mich noch gut erinnern, dass er jeden Tag die Zeitung und viele gute Bücher las. Sein obligatorischer Kopfstand jeden Morgen durfte auch nicht fehlen, er sagte immer: „Das Blut muss auch immer mal in eine andere Richtung fließen". Opa hat regelmäßig jeden Tag für unsere ganze Familie gebetet. Von Beruf war Opa Schneider. Er hat alles ausgebessert und geflickt, was bei uns acht Kindern reichlich nötig war. Opa verstarb im Alter von fast 93 Jahren, auch bei uns zu Hause.

Opa und Oma waren ein wichtiger Bestandteil meines Lebens, für den ich sehr dankbar bin.

VERANTWORTUNG

Vor Gott sind wir Menschen alle gleich und wir tragen für unser Leben selbst die Verantwortung. Aus meiner Vergangenheit entsteht die Gegenwart und aus meiner

Gegenwart entsteht die Zukunft.

Für das, was einmal war in meinem Leben, trage ich voll und ganz die Verantwortung. Ich – und nicht meine Eltern oder irgendein anderer, den ich mir dafür aussuche.

Unser Familienleben verlief sehr harmonisch und ausgeglichen. Natürlich hatte unsere Familie wie jede andere ihre positiven und negativen Seiten. Wir Kinder haben uns auch gestritten, waren aufeinander eifersüchtig oder meinten hin und wieder, dass unsere Eltern uns falsch erziehen würden.
Einige Male versuchte ich, die Schuld meines Versagens im Leben auf andere zu schieben, anstatt zu erkennen, dass es an mir lag. Die Selbsterkenntnis oder die Wahrheit, dass es an mir lag, tat mir oft sehr weh, besonders dann, wenn ich selbst derjenige war, der sich im Wege stand.

In allem erkenne ich die Führung Gottes an, und mit Ihm versuche ich jeden Tag, meinen Lebensweg zu gehen, indem ich mich bemühe, Ihm nachzufolgen. Weit entfernt bin ich von der Vollkommenheit und ich versuche trotzdem, im christlichen Glauben zu leben.

Wenn der Alltag mir sehr schwer erscheint, so neige ich dazu, Gott die Schuld an dem zu geben, was ich nicht erreiche oder was ich falsch gemacht habe.

Es gibt Christen, die fest an Gott geglaubt haben und Ihn sehr verehrten, und auf einmal, von heute auf morgen, vom Glauben abgefallen sind.
Sie kennen Gott nicht mehr, sie haben Ihm den Rücken zugekehrt und sie verwerfen den christlichen Glauben. Warum kann ein Christ von heute auf morgen Atheist werden? Diese Frage habe ich mir sehr oft gestellt, besonders dann, wenn ein guter Freund sich vom Glauben abgewendet hat.

Unser Leben verläuft nicht immer so, wie wir es gerne hätten und manchmal geschehen Dinge in unserem Leben die sehr tragisch sind, so sehr, dass wir auch Menschen verlieren, die wir sehr gerne haben. Es ist nicht Gott, der das Unglück herbeiholt oder das weniger Gute und Schöne in unserem Leben mitbringt, sondern das Leben selbst und die Entscheidungen der Menschen bringen Veränderungen mit sich. Gott lässt die Veränderungen in unserem Leben manchmal zu und manchmal greift er auch in unser Leben ein und beschützt uns.

Den christlichen Glauben möchte ich nicht einfach so aufgeben, sondern daran festhalten und Gott gegenüber Verantwortung zeigen, indem ich bis ans Ende meiner Lebenstage ausharre. Gott liebt uns alle als seine Kinder, und er möchte von Grund auf nur das Beste für uns, egal, wer wir sind.

MISSION

Unmittelbar nach meiner Ausbildung als technischer Zeichner habe ich eine zweijährige ehrenamtliche christliche Mission erfüllt. Mein Missionsgebiet war in Norddeutschland. Für mich und meinen Mitarbeiter, der über 2 m groß war, stand ein Auto zur Verfügung.

In den zwei Jahren habe ich gelernt auf eigenen Füßen zu stehen. Ich musste für mich selbst sorgen. Einkaufen, kochen, putzen, Wäsche waschen usw.

Gelernt habe ich auch, auf Menschen zuzugehen und mit ihnen über Glaubensfragen zu sprechen. Außerdem durfte ich lernen, wie man guten religiösen Unterricht hält und Menschen zum Nachdenken anregt.

Leicht war es nicht immer, mit unterschiedlichen Mitarbeitern, die manchmal kaum Deutsch sprachen, auszukommen, aber durch meine große Familie war ich darauf gut vorbereitet, auch mit Schwierigkeiten fertig zu werden. (War ein gutes Training für die Ehe)

DIE ERINNERUNG

Das Ereignis eines Baseballspiels

Die Baseball-Weltmeisterschaft 1912 war eine Serie

von acht Spielen. Eines der Spiele wurde wegen schlechter Lichtverhältnisse mittendrin abgebrochen. Damals waren die Spielfelder noch nicht künstlich beleuchtet. Es war das letzte Spiel, und es stand 1:1. Die Red Sox waren am Schlag, die New York Giants standen im Feld. Der Schläger schlug den Ball in hohem Bogen weg. Zwei Spieler von New York liefen hinterher. Fred Snodgrass, ein Mittelfeldspieler, deutete seinem Kameraden, dass er den Ball nehmen wollte. Er lief direkt unter den Ball, der in seinem Handschuh landete. Er glitt ihm aus der Hand und fiel zu Boden. Ein Heulen ging durch die Ränge. Die tobenden Fans wollten es nicht wahr haben. Snodgrass hatte den Ball fallengelassen. Er hatte schon Hunderte von Bällen gefangen. Aber jetzt, im entscheidenden Augenblick, ließ er den Ball fallen. Die New York Giants verloren das Spiel und die Boston Red Sox gewannen die Meisterschaft.

Snodgrass kam im nächsten Jahr zurück und spielte neun weitere Jahre erste Klasse. Er wurde 86 Jahre alt und starb 1974. Wann immer er nach diesem einen Ausrutscher jemandem vorgestellt wurde, war die erwartete Reaktion: „O ja, Sie haben doch damals den Ball fallen lassen."

> "Nichts ist geeigneter, uns den rechten Weg zu weisen, als die Kenntnis der Vergangenheit."

Polybios (etwa 200–120 v. Chr.)
griechischer Geschichtsschreiber

Vor vielen Jahren, als kleiner Junge, hatte ich einen Freund, der von einem kleinen Bauernhof kam. Der Bauernhof war nur drei Häuser von unserem Haus entfernt.

Wir verbrachten viele Stunden unserer Kindheit in der Sandkiste und formten Hügel und Landschaften mit dem feinen Sand. Wir bauten mit kleinen Steinen und Hölzern Bauernhöfe, Silos und Schuppen und fuhren mit unseren Spielzeugtraktoren und -autos im Sand herum. Die Sandkiste war für uns eine Welt der Phantasie, des Lernens und der positiven Prägung unserer Kindheit.
Auch heute noch, als Erwachsene, reden dieser Freund und ich gerne über das Gute, Schöne und das, was wir als angenehm empfanden. Positive Erinnerungen unserer Vergangenheit stärken unser Selbstwertgefühl und halten unseren Lebensmut aufrecht.

Manchmal denke ich an meine Sonntagsschullehrerin. Ich war zehn Jahre alt und sie war 20. Ich wollte sie heiraten und fragte sie: "Willst du mich heiraten?" Und sie antwortete mit einem "Ja". Eine kindliche Überzeugung, jemanden gern zu haben und heiraten zu wollen.

Meine Kindergärtnerin, Frau Burger, hatte ich auch sehr gern. Wir wohnten zehn Jahre in der Rathauswohnung und die Kindergärtnerin wohnte auf der gleichen Etage neben unserer Wohnung.

An einem schönen Winternachmittag fuhr ich im Alter von ungefähr fünf Jahren auf meinen kleinen Skiern den Hang hinunter, der direkt hinter unserer Wohnung lag. Leider konnte ich es nicht gut, aber ich versuchte es eine Weile. Als ich nach einer Stunde keine Lust mehr hatte, nahm ich die Skier und ging wieder nach Hause.

Meine Kindergärtnerin sah mich von ihrem Fenster aus heimgehen. Sie machte ihr Fenster auf und sprach mich an: „Ich komme herunter mit meinen Skiern und bringe dir das Skifahren bei."

Frau Burger und ich fuhren eine Stunde bei schönem Wetter im Schnee herum. Es war damals ein sehr schönes Erlebnis und heute ist es eine sehr schöne Erinnerung, dass meine Kindergärtnerin sich Zeit für mich genommen hatte.

Wenn ich mich zurückbesinne, dann denke ich an viele schöne Erlebnisse, aber ich denke auch an Dinge, die ich in meiner Vergangenheit lernen musste.

Kleine Kinder betrachten die Vergangenheit oft ganz

anders als Erwachsene. Kinder erzählen, was sie erlebt haben in ihren einfachen Worten und Gesten, und sie erleben in sich selbst wieder, was sie erlebt haben.

Als Kind sah ich nur die Welt der Großen und bemerkte eigentlich fast gar nicht, dass ich klein bin. Erst mit zehn Jahren wurde mir wirklich bewusst, dass ich kleinwüchsig bin. Jeden Spiegel versuchte ich weit zu umgehen, um ja nicht darin zu erkennen, wer ich wirklich bin. Ich akzeptierte mich nicht, weil meine Erscheinung aus der Rolle fiel. Ich wollte immer zu den Großen gehören und nicht zu den Kleinen. Alle meine Freunde sind groß, meine Eltern und meine sieben Geschwister.

Meine Eltern versuchten schon früh, mich darauf aufmerksam zu machen, dass ich kleinwüchsig bin und, dass es schwer sein kann bzw. schwerer als bei anderen, mein Leben zu bestreiten. Immer wenn meine Eltern mit mir darüber reden wollten, wehrte ich ab und wollte von alledem nichts wissen.
„Es ist alles in Ordnung", redete ich mir immer ein. Ich wollte keine besonderen Gespräche über meinen Kleinwuchs führen, sondern gleich behandelt werden und nichts über Kleinwuchs wissen.

Es ist mir sehr schwergefallen, mich als kleinwüchsigen Menschen zu akzeptieren und mich selbst zu lieben. Immer wollte ich so groß sein, wie es die anderen waren, wie meine Geschwister, wie die Kinder im Kindergarten und wie meine Mitschüler. Daher brauchte ich auch lange Zeit, bis ich den Entschluss fasste, in den Verein für Kleinwüchsige Menschen (VKM) einzutreten und bei den Veranstaltungen mitzumachen.

Mit 24 Jahren bekannte ich mich innerlich und äußerlich dazu, dass ich klein bin. Zum ersten Mal ging ich in den Verein für kleinwüchsige Menschen. Als ich bei der ersten Veranstaltung war, bemerkte ich, dass es Menschen gab, die wesentlich kleiner waren als ich. Ich bin 130 cm groß und einige sind 110 cm oder 80 cm groß.

Das Erscheinungsbild Kleinwuchs ist für viele fremd, selbst für mich als Betroffenen war es sehr ungewohnt. Aber mit der Zeit akzeptierte ich meinen Kleinwuchs immer mehr und erkannte auch, dass Kleinwuchs keine Behinderung ist, sondern ein vermindertes Wachstum der Knochen.

Wir, die kleinen Menschen, sind kein eigenes Volk, sondern wir wollen aktiv am normalen Leben teilnehmen und als gleichwertig betrachtet werden. Wir arbeiten, lieben, denken, leiden und freuen uns genauso wie alle anderen Menschen auch. Wir alle leben in einer Welt, und wir können uns nicht von einander ausschließen, nur weil wir meinen, dass einige anders sind als wir.

„Aber die auf den Herrn harren, kriegen neue Kraft, dass sie auffahren mit Flügeln wie Adler, dass sie laufen und nicht matt werden, dass sie wandeln und nicht müde werden." *Jesaja 40:31*

ERINNERUNGEN AN DIE VERGANGENHEIT

„Tut das gut, wieder zu Hause zu sein!" rief ich erleichtert meinen Eltern zu, immer dann, wenn ich wieder bemerkt hatte, wie gut mein Elternhaus ist. Oft war ich zu Besuch bei Freunden und Bekannten und half ihnen, das Leben besser zu verstehen. Schwierigkeiten und Probleme zu lösen ist schwer, aber nicht unmöglich, wenn wir lernen, das Gute im Leben zu sehen.

Ein Dialog zwischen Emma und Peter:

Emma: „Als ich noch klein war, ist mein Vater immer lange aufgeblieben und hat mir vorgelesen; er war süchtig nach dem geschriebenen Wort und ich schlief immer ein, während ich dem Klang seiner Stimme lauschte."

Peter: „Mit einer einzigen Erinnerung habt ihr mehr

erreicht, als ich in meinem ganzen Leben. Mein Leben geht an mir nur so vorbei, und ich kenne keinen einzigen Augenblick, an dem ich inne halte und über das Geschehene nachdenke."

Emma: „Tief in uns sitzt die Sehnsucht nach den schönen Erinnerungen. Es ist eine Kraft, die uns am Leben erhält."

Peter: „Ja, ich erinnere mich natürlich auch an sehr schöne Ereignisse aus meiner Vergangenheit. Meine Mutter hatte nicht immer Zeit für mich, aber immer wenn es Sonntag und das Wetter schön war, ging sie mit mir in den großen weiten Wiesenfeldern spazieren und sammelte Kräuter."

Keiner von uns bemerkt, wie im Herbst jedes einzelne Blatt langsam zur Erde fällt. Mit der Zeit aber bemerken wir, dass die Blätter ihre Farben geändert haben und dass der Baum immer weniger Blätter trägt. Jeder Tag scheint gleich zu sein, und die Tage ziehen unscheinbar an uns vorüber. Erst am letzten Tag eines Jahres wird
uns wieder bewusst, dass erneut 365 Tage der Vergangenheit angehören.
Unser Leben ist wie eine große Wiese mit unendlich vielen Grashalmen: Wir können nicht jeden einzelnen Grashalm wahrnehmen, aber wir erinnern uns an die Gesamtheit der schönen und großen Wiese.

Unser Leben besteht aus vielen Sekunden. Wir erinnern uns nicht an jede Sekunde, aber wir erinnern uns an das Ganze, was wir schon gelebt haben.

Oft habe ich mir die Frage gestellt: „Gibt es auch ein Leben ohne Vergangenheit?" Nach meinen Beobachtungen und Ausarbeitungen der drei Lebenszeiten habe ich festgestellt, dass wir alle eine Vergangenheit haben, aber dass es Menschen gibt, die ihre Vergangenheit verloren haben, weil sie das, was einmal war, verleugnen und außer Acht lassen.

Die Umstände des Lebens verändern uns und wir verändern unser Leben bewusst durch unser Verhalten und durch unsere Entscheidungsfreiheit.

Ein Leben ohne Vergangenheit ist eine bewusste Entscheidung in unserem Leben, durch die wir unsere Vergangenheit und Verantwortung anderen Menschen abgeben und das Leben nicht so annehmen, wie es einmal war.

Ein Leben mit der Vergangenheit ist wichtig, damit wir in der Gegenwart leben können.

Ein Familienvater verlor einen Großteil seiner Vergangenheit. Nach über zwanzig Ehejahren ließ er sich von seiner Frau scheiden. Beide waren schuldig und wiederum nicht schuldig am Zerfall der Familie.

An dem Vater ist die Scheidung nicht so einfach vorbeigegangen, wie er es immer behauptete. Er wusste zeitweise nicht, wie er mit seiner Vergangenheit umgehen und sie einordnen soll.

Er stellt sich immer wieder die Frage, ob seine Vergangenheit nun ein Teil seines Lebens sei oder nicht.
Es ist nicht immer einfach, das Vergangene zu vergessen und zu akzeptieren. Es braucht Zeit, viel Zeit, seine schwierige Vergangenheit zu verarbeiten, um sie dann zu akzeptieren – das heißt, ein Leben mit seiner eigenen Vergangenheit zu leben.

Viele Menschen leben ihr Leben ohne Vergangenheit – ob bewusst oder nicht, ob selbst verschuldet oder nicht. Tatsache ist, dass es in jedem Fall wichtig ist zu verstehen, dass unsere Vergangenheit immer ein Teil unseres Lebens ist und bleibt.

Frauen, die ungewollt und früh Mutter werden, reden oft davon, dass sie keine Vergangenheit hatten – zumindest nicht die Vergangenheit, die sie sich vorgestellt hatten. Viele haben zu früh oder zu schnell geheiratet, ohne den Partner richtig kennenzulernen und trauern ihrer Vergangenheit nach, einer Zeit, als sie noch machen konnten, was sie wollten.

Die Liebe zu einem Menschen finden wir auch in der

Vergangenheit. Stirbt der Partner, so fallen wir in ein tiefes Loch und meinen, nicht mehr heraus zu kommen. Wer in diesem Loch der Trauer verbleibt, der verliert auch einen Großteil seiner Vergangenheit. Wir dürfen nie zu lange in unseren Gedanken, Wünschen und Vorstellungen in der Vergangenheit verbleiben; es schadet unserem Selbstwertgefühl und unserem Erhaltungstrieb. Die Flucht in die Vergangenheit ist auf Dauer immer von Nachteil und dadurch verlieren wir einen Teil unseres Lebens: unsere Gegenwart.

Die Zeit bringt Heilung und die Vergangenheit ist gelebte Zeit, für die wir Heilung finden können. Heilen Sie sich selbst, indem Sie Ihrer Vergangenheit Vergebung schenken. Wir alle haben Eltern und wir alle haben etwas von unseren Eltern mitgenommen. Was haben Sie von ihren Eltern mitgenommen? Bestimmt viel Gutes und bestimmt auch etwas von dem, was nicht ganz so gut ist. Stimmt das? Und wenn es etwas gibt, das nicht so gut war, dann braucht es Heilung. Und diese Heilung finden sie in Ihrer Gegenwart.

Der Schmerz der Vergangenheit kann verarbeitet werden, indem Sie den Weg der inneren und äußeren Vergebung suchen und auch gehen. Vergeben Sie Ihren Eltern und sonstigen Menschen, die Ihnen wehgetan haben. Vergeben Sie sich selbst und anderen

Menschen, denn die Gegenwart ist zu kostbar dafür, ständig negativ in der Vergangenheit herumzuwühlen. Verändern Sie das Negative jetzt zum Positiven.

Es gibt auch ein Leben mit Vergangenheit. Ein Ehepaar, das 15 Jahre verheiratet ist, durchlebt gerade eine Zeit der intensiven Auseinandersetzung. Über die Jahre hat sich das Paar immer mehr auseinander gelebt. Im Sommer 1999 holen sie ihren Sohn und ihre Tochter vom Ferienlager ab. Auf der Fahrt dorthin machten sie sich Gedanken, wie sie es ihren Kindern beibringen sollten, dass sie sich scheiden lassen wollten.

Die Frau sagte: „Wir gehen in das Café Max. Dort haben wir so viele gute Erinnerungen und hinterher können wir es den Kindern sagen!" „Nein", meinte ihr Mann, „das ist keine gute Idee. Vielleicht sollten wir es ihnen vorher sagen?" Die Fahrt dauerte noch eine Weile und schließlich hatten sie eine Lösung gefunden, wie sie es ihren Kindern sagen wollten.

Im Camp angekommen stiegen die Eltern aus dem Auto und schauten nach den Kindern, die sie auch gleich fanden. Mit großer Freude umarmten sie sich. Der Mutter kamen die Tränen, weil es für sie auch ein Abschied vom Familienleben war. Sie kämpfte mit Emotionen der Verzweiflung, die Ehe doch noch retten zu wollen.

Die Begrüßung ging langsam dem Ende zu und der Vater und die Kinder stiegen ins Auto. Die Mutter stand noch draußen und zögerte. Ihr Mann stieg aus, ging auf sie zu und fragte sie, was denn mit ihr los sei.

„Was ist schon mit mir los?", erwiderte seine Frau energisch. „Ich denke an das, was einmal war. Ich denke an unsere Vergangenheit, in der es auch viele schöne Zeiten gab, in der wir uns nicht gestritten haben. Ich weiß nicht, was los ist. Du hast oft zu mir gesagt, ich sei nicht mehr das Mädchen, das ich einmal war. Ich weiß, dass ich anders geworden bin und dass wir uns immer wegen Banalitäten gestritten haben.

Was ist los mit mir? Ich will wieder das Mädchen sein, das ich früher einmal war. Ich will mich wieder finden. Wir sind eine Familie und es gibt so viel Gutes in unserer Familie, dass es sich lohnt, dafür zu kämpfen. Weißt du noch, wie wir uns immer gesagt haben, dass wir uns lieben und dass wir genau gewusst haben, dass wir zusammen sein wollen?"

Ihr Mann stand vor ihr mit Tränen in den Augen, nahm sie in die Arme und sagte: „Komm wir gehen ins Café Max, dorthin, wo ein Teil unserer schönen Erinnerungen ist."
Die Scheidung fand nicht statt. In diesem Fall half die Vergangenheit sehr entscheidend mit, dass ein neuer

Anfang gemacht wurde.

Die Vergangenheit ist eine Hilfe für die Gegenwart, um in ihr das Richtige zu tun und das zu verbessern, was man in der Vergangenheit falsch gemacht oder versäumt hat. Viele Möglichkeiten bekommt man wieder, aber nicht alle. Wir sollten uns immer vor Augen halten, dass wir auch Entscheidungen treffen, die nicht rückgängig zu machen sind. Ein Leben mit der Vergangenheit lässt uns vieles erkennen, was einmal schmerzlich war und was einmal sehr schön war.

Und in der Gegenwart können wir immer erkennen, was wir in der Vergangenheit einmal getan haben – ob Gutes oder Schlechtes.

DIE SEHNSUCHT

Die Sehnsucht für das Vergangene überkommt früher oder später jeden von uns. Wieder einmal jung zu sein und das zu erleben, was man schon einmal erlebt hat. Gesund, beweglich und sportlich zu sein, wie man es früher einmal war. Schön, schlank und begehrt zu sein, so wie man es von früher her kennt. Das Älterwerden verändert unser Leben und lässt zeitweise Sehnsüchte in uns aufkommen, die der Vergangenheit angehören.

In mir gibt es Sehnsüchte, die aus der Vergangenheit kommen und deren Erfüllung ich mir für die Gegenwart wünsche. Ein paar der Sehnsüchte, die heute noch in mir sind, zähle ich auf:

Die Sehnsucht nach Anerkennung: Die Anerkennung von Freunden und Bekannten ist für mich lebenswichtig. Jede Form von Anerkennung verhilft mir zu mehr Lebensfreude und Lebensleistung. Es ist nur natürlich, dass ich diese Anerkennung dann auch anderen gebe.

Die Sehnsucht geliebt zu werden: Die Liebe hat ihre eigenen Gesetze, die ich erst lernen musste, um zu begreifen, was Liebe bedeutet. Liebe kann nicht auf einem Fundament der Ungeduld bestehen, sondern muss auf Geduld gegründet sein. Ungeduld zerstört jede Freundschaft und Liebe. Ich hatte und habe noch keine Freundin, wünsche mir aber sehr, einmal eine wunderbare Frau lieben zu dürfen.

Die Sehnsucht zu arbeiten und Geld zu verdienen: Dies ist ein Wunsch, den die meisten Menschen haben. Bei mir hat sich dieser Wunsch sehr stark entwickelt, weil ich sehr lange brauchte, bis ich eine Arbeit fand.

Die Sehnsucht nach mehr Glauben im Alltag: Der Alltag ist oftmals sehr schwer und mühsam, so dass ich hin und wieder meinen Glauben an das Gute und das Gelingen fast vergessen könnte. Ohne Glauben an Gott wäre ich heute ein hoffnungsloser Mensch, der nur eins im Sinn hat: sich selbst zu bemitleiden. Fest im Glauben kann ich Dinge sehen und erleben, die mir sonst verschlossen sind.

Die Sehnsucht anders zu sein, als man selbst ist: Manchmal wünsche ich mir, jemand anderes zu sein, besonders dann, wenn ich mit meinem Leben nicht zufrieden bin und wenn ich sehe, wie es anderen scheinbar besser geht als mir. Oft wünsche ich mir normal groß zu sein, um all das tun zu können, was normal große Menschen so tun.

KAPITEL 5
Gegenwart

"Der Weg zu allem Großen geht durch die Stille."

Friedrich Nietzsche (1844 – 1900)
deutscher Philosoph

Eines schönen Sommertags gingen mein Freund Matthias und ich an einem herrlichen See spazieren. Dabei beobachtete ich ihn, wie er innerlich der Schönheit des Sees, den Sträuchern, den Bäumen und den Stimmen verschiedener Vögel nachlauschte und alles in sich aufnahm. Ich beneidete Matthias, weil er im Augenblick seiner Gegenwart lebte und sich voll und ganz auf das konzentrierte, was für ihn momentan wichtig erschien. Durch diese einfache Beobachtung lernte auch ich, meine Gegenwart mehr zu schätzen, zu lieben und bewusst in ihr zu leben.

Warum erkennt der Mensch meist nicht, dass er in der Gegenwart lebt und nur in ihr alles vollbringen kann? Jetzt und nicht in der Vergangenheit oder Zukunft leben wir und aus dem Jetzt müssen wir das Beste machen. Der Film „Forrest Gump" mit Tom Hanks als Hauptdarsteller wurde mit sechs Oscars ausgezeichnet. Für viele Millionen Menschen ist dieser Film eine Inspiration fürs Leben. Drei Jahrzehnte lang durchlebt Forrest Gump Höhen und

Tiefen und immer macht er das Beste aus seinem Leben.

Die Vergangenheit: Von ihr haben wir schöne Erinnerungen, Erlebnisse und Erfahrungen, aber auch schlechte Erinnerungen, Erlebnisse und Erfahrungen. Die Vergangenheit ist das Lexikon oder die Bibliothek unseres Lebens. Je älter ich werde, desto respektvoller gehe ich mit meiner Vergangenheit um. Ich bin bestrebt, diese Zeit in Ehren zu halten.

Die Gegenwart findet jetzt statt und ist der wichtigste Lebensabschnitt, denn die Gegenwart ist die Zeit, mit der wir unsere Zukunft bestimmen und gestalten können. Alle Entscheidungen treffen wir in unserer Gegenwart. Überlassen wir unser Leben nicht einfach dem Zufall, sondern seien wir mutig, unseren Lebensweg in die Hand zu nehmen.

Die Zukunft: Wir haben sie noch vor uns mit all unseren Träumen, Zielen und Wünschen. Unsere Zukunft schenkt uns Erfahrungen, die wir in unserem Leben noch machen werden, sowohl die positiven als auch die negativen. Die Zukunft ist das Resultat aus unserer Gegenwart und Vergangenheit.

Die Gegenwart in ihrer ganzen Vielfalt zu erfassen, fällt uns in der heutigen Gesellschaft schwer, weil der Lärm in unserem Industriezeitalter immer lauter wird und wir kaum noch in der Lage sind, das „Einfache" zu hören. Vor vielen Jahren ging John Burroughs, ein Naturliebhaber, abends durch einen belebten Park. Neben den Geräuschen des Stadtlebens hörte er das Lied eines Vogels. Er hielt inne und lauschte. Die Menschen, die bei ihm waren, hatten es nicht gehört. Er blickte um sich. Auch kein anderer hatte es vernommen. Es betrübte ihn, dass alle etwas so Schönes offenbar überhörten.

Er nahm eine Münze aus der Tasche und warf sie in die Luft. Klingend fiel sie auf das Pflaster, doch keinesfalls lauter als der Gesang des Vogels. Da wandte sich jeder um. Das konnten sie hören!

Es ist schwer, aus allem Stadtlärm Vogelgesang herauszuhören. Aber man kann ihn hören, wenn man will. Es ist auch schwer, bewusst in unserer Gegenwart zu leben und das Gute und Schöne in uns aufzunehmen und es als real und wahr zu empfinden. Auch dies ist lernbar, wenn man will. Alles Gute erfahren wir jetzt und alles Schöne erleben wir jetzt.

GLÜCK UND DAS WIRKLICHE

Tom besuchte die dritte Klasse. Am Ende des Schuljahres ging er vor zu seiner Klassenlehrerin und sagte zu ihr: „Mrs. Miller, ich werde sie mehr vermissen als meine tote Rennmaus."

"Das Beste, was man einem Menschen wünschen kann, ist die Erfüllung dessen, was er sich als sein Glück wünscht."

*Johannes Leppich (1915 – 1992)
deutscher Pater und Volksprediger*

Wenn wir einen Sonnenuntergang beobachten, produziert unser Körper Endorphine, die "Glückshormone", die uns Entspannung und Behaglichkeit fühlen lassen. Gewaltszenen, Machtausübung und Zwangsvorstellungen produzieren in uns das Stresshormon Adrenalin, das uns aggressiv und ängstlich macht.

Gefühle des glücklichen Seins kommen und gehen; sie reagieren auf geringste Veränderungen, die unser Empfinden beeinflussen.

Vor einigen Jahren sah ich im Fernsehen eine Jugendsendung mit dem Thema „Kann ich als Frau mit einem kleinen Mann glücklich sein?" Es waren ein paar Gäste eingeladen, die sich über dieses Thema unterhielten. Eine Frau und ihr Freund wurden in dieser Sendung vorgestellt: Die Frau war 34 cm größer als ihr Freund (er war 140 cm groß). Die Frau wurde von einer Person aus dem Publikum gefragt, ob sie mit ihrem Freund glücklich sei und ob ihr der körperliche Größenunterschied nichts ausmache.

Die junge Frau gab zur Antwort, dass ihr der Größenunterschied gar nicht mehr bewusst ist, weil sie ihn so liebe wie er ist, und dass sie mit ihm sehr glücklich ist.

An diesem Beispiel sieht man, dass äußere Umstände, wie hier der Größenunterschied, nicht entscheidend sind, um glücklich sein zu können. Das Glücksgefühl ist nicht von der jeweiligen Körpergröße und der äußeren Erscheinung eines Menschen abhängig. Um sich glücklich fühlen zu können, müssen wir unsere innere Einstellung ändern. Abraham Lincoln sagte einmal: „Die meisten Leute sind ungefähr so glücklich, wie sie es sich zu sein vornehmen."

"Es ist schwer, das Glück in uns zu finden, und es ist ganz unmöglich, es anderswo zu finden."

Nicolas de Chamfort (1741 – 1794)
französischer Schriftsteller

Glück und das Wirkliche im Leben sind eng miteinander verbunden. Die Frau meines Bruders, die aus Südkorea kommt, brachte 1997 durch Kaiserschnitt einen Jungen zur Welt. Das Baby wog 3.200 g und war 52 cm groß. Ich wurde zum ersten Mal Onkel, worüber ich sehr glücklich war, denn ich habe kleine Kinder schon immer sehr gern gehabt. Ein neugeborenes Kind, das gesund und munter ist, macht eine ganze Familie und weitere Angehörige glücklich. Es verändert die gesamte Verwandtschaft: Die einen werden Vater und Mutter, die anderen Bruder und Schwester, Onkel, Tante, Oma, Opa, Uroma, Uropa usw. Es ist erstaunlich, welch große Veränderungen ein neugeborenes Kind in Bewegung setzt, wie sehr es Menschen glücklicher macht und oft näher zusammenbringt.

Inzwischen bin ich schon elfmal Onkel geworden.

Aber das mit dem Glücklichsein ist nicht immer so einfach, denn Glück ist ein Weg, den man gehen muss und nicht ein Ziel. Glück kommt nicht von allein mit einer neuen Freundin, einer Party, einem Fußballspiel oder einem Gewinn im Lotto. Wahres Glück ist verbunden mit emotionaler Anstrengung und mit dem Bewusstsein, dass weltliches Glück vergänglich ist. Carl Hilty, ein Schweizer Staatsrechtler, sagt: „Das Glück des Lebens besteht nicht darin, wenig oder keine Schwierigkeiten zu haben, sondern sie alle siegreich und glorreich zu überwinden."

DAS LEBEN

Die Zeit ist vergänglich. Also sollten wir uns nicht mit der Zeit beschäftigen, sondern mit dem, was jetzt vor uns liegt: mit unserem Leben.

"Das Leben ist wichtiger als die Nahrung und der Leib wichtiger als die Kleidung. Seht auf die Raben: Sie säen nicht und ernten nicht, sie haben keinen Speicher und keine Scheune; denn Gott ernährt sie. Wie viel mehr seid ihr wert als die Vögel!"

Lukas 12, Verse 23, 24

Manchmal scheint es mir so, als ob jeder Tag gleich ist. Nun, mein Empfinden meint es so, aber nicht die Wirklichkeit. Bis jetzt, seitdem diese Erde besteht, kamen der Frühling, der Sommer, der Herbst und der Winter immer wieder, oder ist einmal eine der vier Jahreszeiten ausgefallen?

Das Universum, die Erde, die Pflanzen, die Tiere und der Mensch befinden sich in einer Ordnung, die sich immer wiederholt und deren Entwicklung immer weitergeht. Einen Stillstand gibt es nicht, auch nicht, wenn wir die Erde verlassen haben. Das Leben, unser Leben, geht immer weiter und wir haben das Vorrecht, jetzt auf dieser Erde zu leben.

Vor einigen Jahren nahm ich zum ersten Mal an einer Kinderbeerdigung teil. Die Trauergemeinde war sehr groß. Viele, die das kleine Mädchen kannten, weinten und nahmen Abschied von ihr.

Ich spürte in einigen Trauernden eine innere Hoffnungslosigkeit und eine endlose Leere. Das kleine Mädchen starb an Krebs; sie war mehrmals operiert worden. Bis zum Ende hatten die Eltern um das Überleben ihrer kleinen Tochter gekämpft und keiner wollte, dass sie stirbt. Das Leben dieses Kindes waren nun die Gedankenbilder der Zurückgebliebenen. Die Eltern des verstorbenen Mädchens hatten noch einen kleinen Sohn, und nach dem Tod ihrer Tochter bekamen sie einen weiteren Sohn. Die Familie fasste den Entschluss, mit neuen Lebenszielen in die Zukunft zu schauen. Dabei überlegten sie, ob sie eine Wohnung oder ein Haus kaufen sollten, gemeinsam Tanzen gehen oder eine Weltreise starten sollten. Der Verlust eines lieben Menschen kann sehr tragisch sein und ist sehr schmerzhaft. Doch immer, auch wenn uns Schmerzliches widerfährt, haben wir die Aufgabe, zum Leben und zum Alltag zurückzukehren.

Die Rückkehr zum Alltag ist in jeder Trauerphase sehr wichtig. Es ist nicht immer möglich, die innere Trauer schnell zu überwinden. Aber wenn wir unserer Trauer Zeit geben, dann finden wir auf Dauer Heilung in unserem Gemüt.

„Sieh den Segen: Wenn Du in des Lebens Stürmen bist verzagt, wenn dein Herz vor Kummer mutlos bangt und klagt, Sieh den großen Segen, den der Herr dir gibt, und du wirst erkennen, wie er treu dich liebt."

Johnson Oatman jun. 1856 – 1922
Ein kleiner Junge kam zu seinem Vater und sagte zu ihm: "Vati, ich will dir eine Freude machen und ein Geschenk kaufen. Leider habe ich kein Geld und bitte dich mir einen Dollar zu leihen, damit ich dir etwas kaufen kann." Der Vater gab seinem Sohn den gewünschten Dollar und dieser kaufte dem Vater ein Geschenk, über das er sich sehr gefreut hat.

Kleine Kinder denken, dass ihnen vieles gehört. Als ich im Kindergarten war, dachte ich, dass mir die halbe Welt gehörte. Wenn man älter wird, merkt man, dass einem eigentlich nichts gehört, auch nicht das, was man selbst erschaffen hat mit seinen eigenen Händen. Alles, was auf unserer Erde ist, ist vergänglich. Auch die drei Zeiten, in denen wir leben. Jeder Lebensabschnitt vergeht eindrucksvoll. Aus meiner Vergangenheit ziehe ich einen sehr großen Nutzen für meine Gegenwart. Jede Begebenheit in der Vergangenheit prägt mein Leben.

Als ich das erste Mal an einem Treffen für kleinwüchsige Menschen teilnahm, brauchte es innerlich große Überwindung dort hinzugehen. Als der Tag kam und ich bei diesem Treffen war, holte mich meine eigene Vergangenheit wieder ein.

Ich sah die anderen, wie sie klein waren und erkannte dadurch mich selbst, wie klein ich bin. Jeder Schritt und jede Bewegung der anderen spiegelte sich in mir wieder und zeigte mir auf, wer ich bin.

Wer bin ich und warum bin ich so klein?

Da ich mich nicht selbst im Spiegel sehe, wie ich mich bewege mit meinen verkleinerten Beinen und Armen, ist es für mich sehr ungewohnt zu sehen, wie sich andere bewegen, die körperlich genauso sind wie ich. Ich bin kleinwüchsig, und beim ersten Treffen von kleinwüchsigen Menschen wurde mir meine eigene Vergangenheit in Erinnerung und Bild zurückgeholt und ich wusste, wer ich nach außen und von innen her bin. Und dieses Wissen stieg langsam in mir auf, bis ich mich voll und ganz akzeptierte.

Manchmal wollen wir alles über die Vergangenheit eines Menschen wissen, den wir nicht kennen, um danach zu urteilen, wer nun dieser neue Mensch ist. Aber nicht allein die Vergangenheit ist ausschlaggebend, um Menschen kennenzulernen, sondern auch der Mensch selbst, wie er in der Gegenwart ist. Und dies ist entscheidend: Das Wissen über einen Menschen, wer er in der Gegenwart ist, was er tut, wie er lebt, was für Ziele er hat und wie er sich die Liebe vorstellt. Das Kennenlernen in beiden Zeiten (Gegenwart und Zukunft) ist sehr aufschlussreich und schränkt Vorurteile über sich selbst und andere Menschen ein.

Vielleicht merken Sie jetzt, wie sehr die drei Lebensabschnitte, die Vergangenheit, Gegenwart und Zukunft, eng miteinander verbunden sind und dass wir oft diese drei Zeiten vergessen.

Warum schreibe ich eigentlich über mein Leben? Weil ich intensive Ängste vor der Zukunft hatte und innerlich sehr darunter gelitten habe. Mein Leiden, die Angst vor der Zukunft, hinderte mich daran, Erfolg und Freude im Leben zu haben. Ich wollte in meiner Jugend vieles erreichen, doch ich erreichte nicht alles, weil ich Angst hatte, die mich lähmte.

Die destruktive Angst vor der Zukunft zwang mich dazu, mir Gedanken zu machen über das Leben und die drei Zeiten, in denen wir leben. Ich kannte damals und kenne bis heute kein Buch, das über die drei Zeiten berichtet. Ich suchte Bücher, in denen man lernt, die Angst vor der Zukunft abzubauen. Ich las auch viel in den Heiligen Schriften. Die Bibel beispielsweise enthält zahlreiche Geschichten über Völker, Gruppen, Familien und Einzelpersonen, die ihren Lebensweg gingen und viel Führung und Trost in der Hand Gottes fanden.
Alles, was einmal geschah, geschieht auf die gleiche Weise immer wieder, nur an die jeweilige Zeit

angepasst. Natürlich konnte Adam nicht von einem Auto überfahren werden, aber er hätte von einem hohen Baum herunterfallen können. Noah hatte keinen Motor an seiner Arche, sondern er ließ sich einfach vom Wind auf dem Wasser treiben.

Erkennen wir, dass die Vergangenheit für uns wichtig ist, um in der Gegenwart mit unseren Erfahrungen leben zu können. Mein Uropa sprach nicht viel von seiner Vergangenheit, die von zwei Weltkriegen, Armut und Hunger geprägt war. Aber er lebte mit ihr, indem er bis zum hohen Alter von 92 Jahren bewusstes Interesse an seiner Gegenwart zeigte.

ES IST EGAL; WO DU BIST

Mit der Trennung vom Mutterleib werden wir ein Kind dieser Erde. Geist, Verstand und Körper stehen am Anfang der Entwicklung. Wir entwickeln uns von Stunde zu Stunde, von Tag zu Tag und von Jahr zu Jahr zu einer Persönlichkeit. Unser Selbst entwickelt sich aus der Vernunft, dem Verstand, der Geisteshaltung, der Entscheidungsfreiheit und den Lebenserfahrungen, die wir täglich machen. Egal, wo wir uns auf dieser Erde befinden, uns allen sind innere und äußere Entwicklungsmöglichkeiten gegeben. Gott und wir selbst können unserem Leben eine Richtung geben, in die wir uns entwickeln wollen. Es gibt viele Menschen auf dieser Erde, denen es schlechter ergeht als uns und Schicksalsschläge fordern einen Menschen heraus. Aber uns allen ist gemeinsam, dass wir uns dem Leben in der Gegenwart bzw. im Alltag stellen. Wir alle treffen Entscheidungen im Alltag, die individuell und doch sehr gleich sind. So ist es auch mit den Erfahrungen, die wir machen.

Wenn in Russland ein Baum umfällt, dann ist dies der gleiche Vorgang, wie wenn in Deutschland ein Baum umfällt.
In Sao Paulo in Mexiko kommt ein kleines Mädchen zur Welt; gesund und kraftvoll fängt es zum ersten Mal an zu schreien. Die Mutter und der Vater freuen sich sehr über ihre kleine Tochter.

Zur gleichen Zeit kommt auch in Kanada ein Baby auf die Welt, ein kleiner Junge, der so laut schreit, dass jeder im Krankenhaus weiß, dass er auf die Welt gekomen ist. Die Eltern des Jungen sind sehr stolz auf ihren kleinen Schreihals.

In Südafrika sitzt ein Bauer am Rande seines Feldes und schaut genussvoll der untergehenden Sonne nach. Er sieht, wie die letzten Strahlen vom Tag Abschied nehmen.

Zur gleichen Zeit sitzt ein junger Mann im hohen Norden in Schweden auf einem groß gewachsenen Baum und überblickt das Tal, in dem er wohnt, und sieht wie die Sonne am Horizont allmählich verschwindet.

Sakura lebt in Japan und geht einem Job nach, der ihr gut gefällt. Am Anfang einer neuen Woche kommt ihr Chef auf sie zu und gibt ihr eine Gehaltserhöhung von 10%. Sakuras Begeisterung und Motivation steigen enorm.

Marina, eine junge Frau aus Neuseeland, lebt auf dem Land. Sie ist seit fünf Jahren als Bürokraft einer großen Firma tätig. Marina arbeitet viel und will immer sehr gut und schnell sein. Ihr Lohn ist nicht sehr hoch, aber sie bekommt zum Jahreswechsel fünf Prozent mehr Gehalt. Darüber freut sie sich sehr.

Die große Liebe gibt es in der Welt überall und jeder wünscht sich geliebt zu werden. Auch Ana, eine ältere Frau aus Venezuela, fand die Liebe in einem jüngeren Mann, der ihr Sohn sein könnte. Ana ist selbstbewusst und lebenserfahren. Sie war einmal verheiratet, aber die Ehe war keine gute Zeit, an die sie sich erinnern will. Sie glaubt an Gott und an das Gute im Leben. Wenn sie morgens aufsteht und in den Stall geht, um die Kühe zu melken, dankt sie Gott für ihr Leben und für die Erfahrungen, die sie machen durfte.

John steht in New York (USA) auf der Plattform des Empire State Buildings 381 Meter über der Erde und sieht die große Weite des Horizontes. Er denkt über seine große Liebe nach, die er sich lange ersehnte und die sich nun zu erfüllen scheint. Seine Gedanken sind gut und angenehm für sein Herz.

In Südkorea träumt ein junges Mädchen von der großen Weite dieser Welt. Sie lebt in einem wohlhabenden Elternhaus. Ihre Eltern betreiben ein kleines Hotel am Rande von Seoul, das sehr gut läuft. Das junge Mädchen will von der Welt etwas sehen. Sie geht nach dem Schulabschluss nach Europa und reist in verschiedene Länder.

Ein Milchmann, der am 10. Oktober 1940 inmitten von Londoner (England) Trümmern unbeirrt seiner Arbeit nachging, wurde zum Symbol britischen Widerstandswillens. Er ging seiner gewohnten Arbeit nach und ließ sich nicht von äußeren Umständen davon abbringen.

"Hör die Worte, die Dein Schicksal prägen, zwei Welten einer Familie, glaub an dich, vertrau darauf, das Leben zeigt dir wie..."

Aus dem Film "Tarzan" von Walt Disney gesungen von Phil Collins (1999)

Wir können immer und überall sein, nur nicht überall gleichzeitig. Unser Empfinden ist unabhängig von Zeit und Raum, und wir empfinden in allem vielmals das Gleiche oder Ähnliches.

AUFMERKSAMKEIT

In der Badischen Zeitung vom 27. Januar 1998 stand, dass ein Amsterdamer Hausarzt, Nizaar Makdoembaks, seinen ärmsten Patienten Brot auf Rezept verschreibt. Mit seinem Rezept können die Patienten bei einem Bäcker 20 Brötchen und ein Brot holen. Das Geld für die Brotrezepte, rund 18.000 Mark im Jahr, zahlt er aus seiner eigenen Tasche. Mit dieser Aktion hofft er, die Öffentlichkeit auf die Ärmeren aufmerksam zu machen und die Gesellschaft zu animieren, das Gleiche zu tun.

In unserer Gesellschaft herrscht vor allem das Bedürfnis nach Aufmerksamkeit und Anerkennung. Ein Bedürfnis, das keines wäre, wenn unsere Gesellschaft offener und toleranter wäre. Fast jeder denkt überwiegend an sich: Wie kann ich am schnellsten reich werden oder besser sein als der andere? Meist kreisen Gedanken um uns, die unser Inneres vereinsamen lassen. Dieses Handeln und Denken führt uns in die Isolation.

ES GIBT GRENZEN

Kleiner, schneller, schmaler; sein Kernstück ein Prozessor, der über 100-mal mehr Transistoren enthält und 100 Milliarden Befehle pro Sekunde ausführt – 300-mal mehr als übliche Chips. Der Supercomputer der Zukunft befindet sich in wissenschaftlicher Entwicklungsphase. Der erste Computer war so groß wie ein Wohnzimmer und konnte nur addieren und subtrahieren.

Es gibt Grenzen. Es gibt aber auch Grenzen, die wir überschreiten können, insbesondere die, die der Mensch in seinem Denken und in seiner Vorstellung selbst festgelegt hat. Denn vieles, was für uns heute selbstverständlich ist, hielt man früher für unmöglich und undurchführbar. Man hätte vor einigen Jahren z.B. nie gedacht, dass man heute eine Schraube mit einem so kleinen Gewinde herstellen kann, dass man es nicht mit dem bloßen Auge, sondern nur unter einem Mikroskop sehen kann.

Viele Erfinder wurden ausgelacht; als sie dem Volk aber ihre neuen Erfindungen präsentierten, verstummte das Gelächter.

Erfinder der Vergangenheit, der Gegenwart und der Zukunft geben Zeugnis davon, dass alles möglich ist, wenn man nur daran glaubt und nicht aufgibt, trotz aller Niederlagen, die man erleidet. Unsere Glaubensstärke lässt unsere Vorhaben möglich werden. Der Technologiegigant Siemens investiert über 4 Milliarden Euro im Jahr in Entwicklung und Forschung und die gut 29.000 Mitarbeiter erzielen 40 Erfindungen pro Arbeitstag (Quelle: Fact sheet – Forschung und Entwicklung bei Siemens, April 2013).

WIE ES DAS GLÜCK WOLLTE

Eine junge Frau aus Südkorea träumte schon immer davon, einmal in Deutschland zu leben. Mit ihrer Freundin führte sie viele Briefkontakte innerhalb Koreas, und sie schrieb ihre Briefe immer so, als ob sie bereits in Deutschland wäre. All ihre Gefühle und Vorstellungen schenkte sie ihrem Traum, einmal in Deutschland zu wohnen.

Nach ihrer Ausbildung schickte ihr Vater sie nach Deutschland, um die Landessprache zu lernen, damit sie in Deutschland studieren konnte. Hier lebte sie mit drei ihrer Freundinnen zusammen. Mein Bruder lernte zu diesem Zeitpunkt eine andere Koreanerin kennen, in die er sehr verliebt war. Er ging oft mit seiner koreanischen Freundin aus und lernte sie gut kennen. Er hätte sie sehr gerne noch besser kennengelernt, aber sie wollte nicht.

Einmal kam sie nicht persönlich zu einer Verabredung, sondern schickte ihre Freundin hin. Mein Bruder war sauer über diesen Wechsel, unternahm aber trotzdem mit ihr etwas, weil er höflich sein wollte. Wie es das Glück wollte, verliebten sich die beiden ineinander und heirateten einige Monate später.

Der Traum der jungen Koreanerin erfüllte sich. Sie

lebt heute mit meinem Bruder und zwei Söhnen in ihrem Wunschland, Deutschland. Sie beherrscht die deutsche Sprache perfekt. Alle sind glücklich und erfolgreich.
Alt werden

Noelle Chatelet, geboren 1944 in Paris, ist Philosophieprofessorin und schreibt in ihrem Buch „Die Dame in Blau" ein Märchen unserer Zeit, über eine Frau namens Mireille, die 50 Jahre alt ist und davon träumt, endlich 70 Jahre alt werden zu dürfen. „Wut und Mitleid haben mir beim Schreiben dieser Fabel die Hand geführt. Die Erfahrung des Alterns bedeutet darin den höchsten Genuss. Das ist sicherlich nicht die Realität, aber eine große Provokation."

DER SONNENAUFGANG

Um die 4,6 Milliarden Jahre ist unsere Sonne alt. Sie ist so groß wie ein mittlerer Stern. Wie jeder Stern am Himmel wird auch die Sonne eines Tages erlöschen. Zum heutigen Zeitpunkt hat die Sonne etwa die Hälfte ihrer Lebensdauer erreicht und in ungefähr fünf Milliarden Jahren wird sie schließlich ganz erloschen sein. Bei Sonnenauf.- und Sonnenuntergang steht die Sonne tief am Himmel und ist weiter von uns entfernt. Die Sonnenstrahlen müssen viel Luft durchqueren, bevor wir sie sehen können. Dabei werden alle Farben außer Rot herausgefiltert – deshalb erscheint der

Himmel rot. Das Abendrot verstärkt sich bei starker Luftfeuchtigkeit, wie das oft über dem Meer der Fall ist. Licht ist Lebenselixier, Glücklichmacher und Aphrodisiakum. Wenn die Sonne scheint, lebt die Seele auf. Wohl dosiert steigert Licht das Wohlbefinden und die Leistungsfähigkeit, stärkt das Immunsystem und stabilisiert den Kreislauf.

Im Alter von 15 Jahren betrachtete ich in Dänemark zum ersten Mal bewusst die aufgehende und sinkende Sonne am Meereshorizont. Bis um 23 Uhr schien die Sonne im hohen Norden und in der Früh um fünf ging sie auf. Im Schein der Sonne fand ich innere Ausgeglichenheit und Seelenfrieden.

Wir Menschen suchen immer wieder innere Ausgeglichenheit in der Natur, und im Schein der Sonne findet man die Schönheit und Wärme der Schöpfungskraft. Am Morgen des 20. März 2000 fuhr ich um fünf Uhr vom Haus meiner Eltern zu meinem 370 km entfernten zweiten Wohnsitz. Die Autobahn war frei und ich konnte entspannt fahren. Die ausklingende Nacht war sehr klar: Man sah am Himmel die Gestirne und den hellen Schein des Mondes.

Ich betrachtete an diesem Morgen den Sternenhimmel sehr genau und sah auch den großen Wagen (auch „Großer Bär" genannt) am Himmel. Der Wagen besteht aus sieben einzelnen Sternen, die so zueinander stehen, dass daraus ein Bild entsteht, wenn man die einzelnen Sterne miteinander verbindet. Die Chinesen sagen zu diesem Sternenbild „Suppenlöffel".

Der Himmel ist so groß, ja, unendlich groß und wir sehen von der Erde aus nur einen Bruchteil davon und wissen nicht, wie viele Gestirne es in der unendlichen Weite gibt.

Langsam wurde es im Norden heller, die Strahlen der Sonne wurden stärker und das Licht der Sterne und des Mondes wurden immer schwächer, bis man sie nicht mehr sah. Bald sah ich die Sonne im roten Schein aufgehen. Der Übergang von Nacht zu Tag spielt sich sehr langsam ab und ist immer ein Naturereignis und eine Auseinandersetzung zwischen Licht und Dunkelheit. Am Morgen gewinnt immer die Helligkeit und am Abend immer das Dunkle und beides, das Helle und das Dunkle, wird es zur gleichen Zeit nie geben.

Eines Abends parkte ich mein Auto am Ende einer langen, einsamen Straße und betrachtete den Sonnenuntergang. Im Auto wollte ich noch schnell ein Lied im Radio zu Ende hören, bevor ich den Sonnenuntergang miterleben wollte. Aber die Sonne richtet sich nicht nach mir, sondern nach ihrer eigenen gewohnten Laufbahn. Als das Lied im Radio zu Ende war, war die Sonne auch schon untergegangen.

Ich hatte nicht daran gedacht, dass die Sonne so schnell untergehen würde; natürlich dachte ich auch nicht, dass die Sonne am Himmel stehen bleiben würde, um auf mich zu warten, bis mein Lied im Radio fertig war.

So gibt es in meinem Leben viele kleine Begebenheiten mit dem immerwährenden Ereignis des Sonnenauf- und -untergangs. Seit Anbeginn dieser Erde sahen die Menschen den Schein unserer Sonne und auch im Laufe der vielen Jahre hat sich die Sonne nicht verändert. Der erste Sonnenstrahl am Morgen ist der Beginn eines neuen Tages, den es nur einmal im Leben gibt, denn jeden Tag gibt es nur einmal, so wie jeder Mensch auf dieser Erde einzigartig ist.

Da führte Gott Abraham aus dem Zelt. „Schau zu den Sternen hinauf!", sagte Er. „Kannst du sie zählen? Ich verspreche dir, Abraham: Du wirst einen Sohn bekommen und Enkelkinder haben. Und eines Tages werden deine Nachkommen so zahlreich sein wie die Sterne am Himmel!"
Der Titicacasee liegt 3.810 Meter über dem Meeresspiegel in Südamerika und ist der höchstgelegene kommerziell von Schiffen befahrene See. Von dort aus kann man in einer klaren

Sternennacht den Sternenhimmel bewundern. Man sieht an manchen Abenden zahlreiche Sternschnuppen und je mehr Sternschnuppen man sieht, desto mehr Herzenswünsche sollen in Erfüllung gehen.

WAS GEHÖRT MIR?

Kennen Sie eine sehr schöne Melodie? Sie hören eine wunderbare Melodie, die so schön ist wie die Strahlen eines Sonnenuntergangs oder wie die Farben eines Regenbogens. Sie haben den Wunsch, für immer in dieser Schönheit zu verbleiben.

An einem kalten klaren Winternachmittag fuhr ich mit meinem Auto nach Hause und während der Fahrt sah ich einen strahlenden Regenbogen am Himmel mit den Farben Rot, Orange, Gelb und Grün, Blau, Indigo und Violett. Gleich daneben sah ich einen zweiten Regenbogen mit den gleichen Farben, nur dieser Regenbogen gab die Farben sehr schwach wieder. Noch nie zuvor habe ich zwei Regenbogen nebeneinander gesehen. Das Licht, die Farben und der Glanz der zwei Regenbögen haben mich sehr beeindruckt.
Es gibt sehr viele wunderbare Naturereignisse, die man selten sieht. Der weite Horizont ist für mich ein Ort des Träumens und eine Quelle der Inspiration. Die Natur und die Musik sind zwei Elemente, die sich miteinander verbinden lassen und in deren Einheit

man das Schöne und Gute sieht, hört und spürt. Der wunderschöne Regenbogen gehört nicht mir, aber der Eindruck und das Empfinden der Schönheit des Regenbogens sind in mir – in meinem Empfinden.

Aus einem Forschungsbuch für Kinder
„Sonnenlicht sieht zwar weiß aus, besteht aber aus mehreren Farben. Wenn ein Sonnenstrahl auf einen Regentropfen trifft, werden seine Farben gespalten und ein Regenbogen entsteht. Regenbogen sind kreisrund, aber nur eine Hälfte des Bogens ist für uns sichtbar.
Um überhaupt einen Regenbogen sehen zu können, müssen wir die tief stehende Sonne im Rücken haben. Weißes Licht kommt mit einem Regentropfen in Berührung, daraus entsteht ein Regenbogen mit den Farben Rot, Orange, Gelb, Grün, Blau, Indigo und Violett."

Brief von meiner ehemaligen Lehrerin.

Mein lieber Daniel,

Du bist klasse! Du lernst Ehrlichkeit bei mir! Na, diese 50 DM müssen Dich ganz schön bedrückt haben. Über so viele Jahre! Und hättest Du mich damals gefragt, ich hätte Dir Kinokarten geschenkt. Jetzt behalte ich diese 50 DM – zur Strafe! Dein selbst verdientes Geld liebe ich und werde es für etwas ganz

Besonderes ausgeben! – Sind die Zinsen eigentlich mit einberechnet? – (Spaß)

Ulrike

Dieser Brief erklärt von selbst, was ich genommen und nach langer Zeit wiedergegeben habe. Ich wusste schon immer, dass mir diese 50 DM nicht gehörten, aber ich hatte lange Zeit nicht den Mut der Wiedergutmachung. U.S. war für drei Jahre meine Klassenlehrerin, als ich auf der Schule für Körperbehinderte war. An die Zeit mit ihr denke ich sehr oft, weil sie einen Teil meines Lebens geprägt hat. Na klar, man weiß oft erst hinterher, was für eine tolle Lehrerin man hatte, aber ich wusste es auch damals schon. Einen Monat später bekam ich von meiner Lehrerin einen weiteren Brief, in dem 60 DM waren, mit den Worten: „Nun kannst Du mit einem ruhigen Gewissen ins Kino gehen."
Etwas in Anspruch nehmen, was einem nicht zusteht, bietet auch immer die Chance zu einer Wiedergutmachung.
Dir gehört mein Herz

"Hör auf zu weinen und nimm meine Hand,
halt sie ganz fest, keine Angst,
ich will dich hüten, will dich beschützen,
bin für dich hier – keine Angst.
Du bist so klein und doch so stark,

in meinen Armen halte ich dich schön warm,
von nun an sind wir unzertrennlich –
bin für dich hier – keine Angst.
Denn dir gehört mein Herz,
ja, dir gehört mein Herz
von heute an für alle Ewigkeit.
Dir gehört mein Herz,
nun bist Du hier bei mir,
denn Dir gehört mein Herz,
nur dir ... nur dir..."

*Walt Disney aus dem Film "Tarzan"
gesungen von Phil Collins (1999)*

In unserer Wirklichkeit, die auch die Gegenwart ist, finden wir meistens nicht das Schlimme, vor dem wir uns fürchten, sondern das Schlimme finden wir in uns selbst durch unsere Gedanken, Worte und die Vorstellungskraft. Wenn all das passierte, was von mir selbst kommt, dann wäre mein Leben trostlos und zum Verzweifeln verurteilt. Es passiert viel Schlimmes auf dieser Erde, aber es passiert nicht das, was wir uns täglich selbst einreden. Die Lebenshoffnung liegt in der Gegenwart und bestimmt somit unsere Zukunft. Wir bestimmen unser Lebensumfeld, indem wir Hoffnung und Glauben haben.

Kleine Kinder haben einen anderen Bezug zur

Wirklichkeit als Erwachsene. Die Kinder hoffen auf das, was sie sich wirklich wünschen und sie reden auch darüber.

„Als ich jung und klein war, dachte ich, dass ich all das verwirklichen konnte, was ich mir wünschte. Mit zehn Jahren zum Beispiel fragte mich eine Schulkameradin, was für einen Beruf ich erlernen wollte. Meine Antwort war ganz klar und deutlich: „Ich will technischer Zeichner werden." 1989 begann ich meine dreieinhalbjährige Ausbildung, doch erst knapp sieben Jahre später fand ich zum ersten Mal eine Anstellung. Mein Wunsch mit zehn Jahren, einmal in meinem Traumberuf zu arbeiten, hat sich erst 19 Jahre später erfüllt. Und in diesen 19 Jahren sagten einige zu mir, ich würde dieses Ziel nie erreichen und ihre Argumente schienen berechtigt:

„Du bist nicht der Schnellste im Lernen."
„Technische Zeichner gibt es schon zu viele."
„Nach sieben Jahren Arbeitslosigkeit, nach deiner Ausbildung, kann man den Fortschritt nicht mehr einholen."
„Die Programme werden immer anspruchsvoller."

Aber jedes Argument lässt sich in den Wind schlagen, wenn der Mensch genau weiß, was er will. Mit zehn Jahren wusste ich genau, was ich wollte. Manchmal habe ich meinen Wunsch schon fast aufgegeben, aber

immer wieder fand ich den Faden, der mich zum Ziel führte.
Wir Erwachsenen hoffen auch, aber meistens nur im Inneren unserer Gefühle und das nur für einen kurzen Zeitraum. Mein Wunsch ist mein Ziel. In 19 Jahren habe ich mich beruflich zu dem entwickelt, was mein Wunsch war.

Ich war immer sehr bemüht, mit den anderen im Kindergarten, in der Schule oder in der Ausbildung Schritt zu halten. Im Lernen war ich nicht der Schnellste, aber ich hatte gute Noten und war bestrebt, früh am Morgen aufzustehen und zu lernen. Meinen Hauptschulabschluss bestand ich mit einem Notendurchschnitt von 1,8 und ich war von 23 Schülern der Fünftbeste in meiner Klasse.

Mit sieben Jahren, ein Jahr später als gewöhnlich, ging ich auf die Schule für körperbehinderte Kinder. Alle meine Schulkameraden saßen im Rollstuhl. Es fehlte ihnen nichts, außer dass sie eben körperlich eingeschränkt waren. Ich lernte viel, besonders den Umgang mit Menschen, die anders waren als ich. Ich verstand, dass es wichtig ist, einen Menschen nicht nach seinem Äußeren zu beurteilen, sondern dass es darauf ankommt, was in ihm steckt. Körperbehindert zu sein definiert nicht das Wesen eines Menschen. Was in ihm ist, was er denkt und fühlt, ist ausschlaggebend.

In meinem 16. Lebensjahr wechselte ich auf eine normale Hauptschule und machte dort, nachdem ich zwei Schuljahre wiederholen musste, meinen Abschluss. Das Lernen fiel mir alles andere als leicht.

Mit dem 18. Lebensjahr begann ich meine Ausbildung in Nürnberg als Technischer Zeichner (Feinwerktechnik). Die Ausbildung absolvierte ich in einer staatlichen Einrichtung für leicht körperbehinderte Menschen. Ich wohnte direkt an meiner Ausbildungsstätte in einer Wohnanlage mit weiteren 300 Auszubildenden in verschiedenen Berufen. Die Zeit in Nürnberg forderte mich sehr, Selbständigkeit zu lernen. In allem musste ich selbständig sein, vom Wäsche waschen bis zum Kochen. Auch das Lernen machte mir sehr zu schaffen, so dass ich viel lernen musste, um meine Ausbildung einigermaßen zu schaffen. Ich lernte viel und stand oft früh auf.

Im Alter von 23 Jahren machte ich 1993 meinen Abschluss als Technischer Zeichner mit einem Durchschnitt von 3,5.

Die vielen Morgen, an denen ich früh aufstand, um mir Wissen anzueignen, sind mir in tiefer Erinnerung geblieben. Früh aufzustehen hilft mir sehr, meine Gegenwart bewusst zu erkennen und in ihr zu leben. Jeden Morgen gibt es nur einmal im Leben und die Gegenwart befindet sich immer im Hier und Jetzt und nicht im Gestern oder Morgen.

Wunsch und Ziel lassen sich miteinander vereinbaren, wenn man genau weiß, was man will. Meine Mutter wollte schon immer viele Kinder haben. Als Kind sprach sie von zehn Kindern. Ihr Wunsch war ihre Wirklichkeit, auch wenn viele Erwachsene sagten, dass sie nicht viele Kinder haben würde. Heute sind wir acht Kinder, drei Mädchen und fünf Jungen.

Unsere inneren Wünsche sind mit der Wirklichkeit verbunden, aber nicht unsere Angst vor dem Unwirklichen. Manchmal sind wir Menschen die besten Träumer in der Nacht. Was da so abgeht, kann man manchmal als einen Albtraum bezeichnen. In unseren Träumen erleben wir Dinge, wie sie in der Wirklichkeit nie vorkommen. Albträume sind in der Regel Verarbeitungsträume unserer inneren Geisteshaltung. Die Träume in der Nacht sind etwas ganz Wunderbares und für jeden von uns zugänglich. In unseren Träumen erkennen wir unsere Wirklichkeit und natürlich im Besonderem auch im wachen Zustand. Täglich beeinflussen wir uns selbst und andere, wenn es darum geht, etwas haben zu wollen. Wir haben keinen Anspruch auf das, was uns nicht gehört.

KAPITEL 6
Zukunft

"Ich blicke in den Himmel, und ich stehe mit beiden Beinen auf der Erde!"

Rigoberta Menchu, 1993 guatemaltekische Bürgerrechtlerin, Trägerin des Friedensnobelpreis 1992

Mit der Zukunft hat sich die Menschheit schon immer gern beschäftigt, z.B. durch die Astrologie, die Entwicklung der Menschheitsgeschichte oder das Erreichen von wissenschaftlichen und technischen Errungenschaften. Was in weiter Ferne ist, klingt immer sehr interessant; man spricht gerne darüber.

Wie oft hört man jemanden sagen: „Ich werde dies und jenes..." oder „Ich will dies und jenes tun, erreichen, haben, usw. ..." Was heute noch in weiter Ferne scheint, wird oft in baldiger Zukunft Realität.

Viele Wünsche und Visionen der Menschen, wie zum Beispiel das Auto, die Erkundung des Mondes, das Fliegen, das Fernsehen usw., haben sich erfüllt und sind heute Realität. Die Zukunft hat nicht nur mit neuzeitlichen Entdeckungen und Erfindungen zu tun, sondern sie betrifft auch jeden von uns in der persönlichen Entwicklungsphase seines Lebens.

Wenn wir an die Zukunft denken, so denken wir oft an das Erreichen von Zielen, an Fortschritte und an Entwicklungen.

Wir machen uns Gedanken, setzen uns ganz bestimmte Ziele und legen fest, zu welchem Zeitpunkt wir diese erreichen möchten. Aus einem Wunsch heraus entstehen Ziele, und durch das Festhalten an unseren Zielen lernen wir, unseren Lebenshorizont zu erweitern und die Vielfalt unseres Lebens in Anspruch zu nehmen.

Die Erfüllung von Zielen ist nicht nur von äußeren Umständen abhängig, es sei denn, man lässt sich durch sie beeinflussen. Ob die Beeinflussung positiver oder negativer Art ist, entnehmen wir den äußeren Umständen und den Menschen, die uns nahe stehen. Oft macht uns der Einfluss unserer Eltern, Freunde und Bekannten so zu schaffen, dass es fast unmöglich ist, den eigenen Weg in die Zukunft gehen zu können.

Vor einiger Zeit hörte ich eine Geschichte, die mich sehr zum Nachdenken anregte. Ein leicht geistig behindertes Kind wuchs in einem gut bürgerlichen Elternhaus auf und genoss eine gute Erziehung. Alles sprach für ein wohlbehütetes und gut erzogenes Kind. Was aber wurde dem Mädchen suggeriert? Der Vater sagte oft zu seiner Tochter: „Du Dummerle." Und die Mutter sagte: „Du wirst niemals heiraten können."

Diese Redensarten sind (leider) nur einige von vielen, um einem Kind seine Wünsche und seine Zukunft zu verleiden. Natürlich könnte man sagen, dass jeder selbst sein Leben in die Hand nehmen muss – und das muss er auch.

Aber trotz allem haben besonders die Eltern in Bezug auf ihre Kinder eine sehr große Verantwortung. Das Einwirken der Eltern hat für die heranwachsenden Kinder einen großen Einfluss auf das spätere Leben, positiver oder negativer Art.

Das geistig behinderte Mädchen, von dem ich weiter oben sprach, lebt heute noch bei seinen Eltern. Es ist heute eine junge Frau und empfindet alles, was auch jede andere Frau empfindet. Warum soll diese Frau nicht heiraten können? Ich kenne ein Ehepaar, bei dem die Frau auch geistig eingeschränkt ist. Das Paar lebt glücklich zusammen, so wie das in jeder anderen Beziehung auch sein kann.

Es ist nicht unsere Aufgabe, die Zukunft anderer Leute zu bestimmen oder zu beurteilen. Auch dürfen wir andere nicht davon abhalten, ihre Zukunft wunschgerecht zu gestalten. Viele Menschen neigen dazu, die Vorhaben anderer zu kritisieren und sie davon abzubringen. Ich habe mir vorgenommen, über die Zukunft anderer niemals zu urteilen – auch wenn mir diese Zurückhaltung, ehrlich gesagt, nicht immer gelingt.

Jeder hat das Anrecht, sein eigenes Leben in die Hand zu nehmen. Nichts stärkt einen Menschen mehr, seine Zukunft bestimmend zu gestalten, als wenn man ihm Vertrauen entgegenbringt.

Wir sind oder werden die Sklaven des 21. Jahrhunderts, wenn wir uns dem Denken anderer unterwerfen und nicht das tun, was wirklich in uns ist.

Es gibt allerdings auch viele Beispiele, wie jemand durch negative Beeinflussung anderer Menschen gerade das erreichte, was er wollte: „Elton, dein Vater konnte dich nicht leiden." Dies waren die Worte, die eine Mutter einmal zu ihrem Sohn sagte.

Elton John hatte keine einfache Kindheit und Jugend. In einem Interview mit der Zeitung „Der Spiegel" gab er 1997 eine Kurzbiographie seines Lebens bekannt, indem er sagte: „Mein Vater war bei der Royal Air Force, und er hat meine Mutter unglücklich gemacht, sich von ihr getrennt. Ich hatte immer Angst vor ihm. Er war der Meinung, dass ich mit meinen Rock'n'Roll-Träumen, wenn alles gut ginge, in der Jugendstrafanstalt landen würde. Er wollte, dass ich was „Richtiges" mache, zum Beispiel beim Militär.

Ich saß in meinem Zimmer, völlig verunsichert, und

hörte meine Musik. Musik war das einzige kontinuierliche Element in meinem Leben. Selbst als ich schwer drogenabhängig war, habe ich es noch jeden Abend auf die Bühne geschafft. Musik hat mich in all meiner Unsicherheit vor dem Leben beschützt, und dass ich überhaupt noch am Leben bin, verdanke ich wahrscheinlich nur der Musik."

Heute ist Elton John dank seiner Willensstärke einer der bekanntesten und besten Entertainer unserer Zeit. Kaum ein anderer versteht es, sein Publikum so zu begeistern und zu unterhalten. Sein Flügel und er sind die besten Freunde. Auf der Beerdigung von Prinzessin Diana von Wales sang er vor 2,5 Milliarden Fernsehzuschauern im Westminster Abbey das Lied „Candle in the Wind".

Unsere Zukunft sollte uns wichtig sein. Triff heute die Entscheidung, ob du in deinem Leben herumirren willst wie ein Landstreicher, der kein Ziel vor Augen hat, oder ob du dein Leben zielbewusst orientieren willst wie ein Pfandfinder mit seinem Kompass.

Was ein anderer nicht geschafft hat oder nicht wollte, hat nichts mit dem zu tun, was du in deiner Zukunft erreichen kannst. Jeder von uns hat seine eigene Zukunft, auch wenn wir auf derselben Erde leben. Deine Zukunft entspringt deinem Leben, wie du es in der Gegenwart lebst.

Als ich zehn Jahre alt war, besuchte meine Familie unseren Großvater, den Vater meiner Mutter. Wir Kinder kannten ihn nicht so gut, weil er der geschiedene Mann unserer Großmutter ist. Er hat damals wieder neu geheiratet. Am 1. Mai 2000, nach zwanzig Jahren, besuchte ich meinen Opa wieder, mit meinem Bruder Jonas, seiner Frau und ihrer Tochter, die gerade ein paar Wochen alt war. Ich sah Opa Martin und sagte das erste Mal in meinem Leben zu ihm Opa – und das mit 29 Jahren. Er ist mein Opa, das wurde mir erst so richtig bewusst, als ich bei ihm war.

Meine Zukunft besteht daraus, mich öfter selbst zu fragen: „Was mache ich gerne?"

TOUCHSTONE PICTURES PRESENTS

Whoopi Goldberg
als Sister Mary Clarence in Sister ACT2

Situation: Sister Mary Clarence steht an einer Straßenecke und fängt eine ihrer widerspenstigen Schülerinnen ab, um ihr die Meinung zu sagen.

Sister Mary Clarence: „Marrisa!"
Marrisa: „He, was ist?"

Sister Mary Clarence: „Hören Sie, Ihr Benehmen ist

für meinen Geschmack vielleicht ein bisschen zu arrogant, aber ich habe mich entschlossen, Ihnen etwas zu sagen, egal, wie Sie sich benehmen...Okay?"

Marrisa: „Ich werde zuhören...gut!"

Sister Mary Clarence: „Okay! Ich weiß, Sie singen gerne, denn ich liebe es zu singen – nichts kann mich glücklicher machen. Ich wollte entweder Sängerin werden oder zu den Eiscapells gehen. Wissen Sie, wer die Eiscapells waren? Roll'n Sie nicht mit den Augen, Sie waren wirklich gut."

„Ich ging zu meiner Mutter, sie gab mir dieses Buch „Briefe an einen Jungen Poeten" von Rainer Maria Rilke. Er ist ein weltberühmter Dichter. Und da war ein junger Mann, der ihm geschrieben hat: „Ich will einmal Schriftsteller werden, bitte geben sie mir einen Rat."

Und Rilke schrieb an diesen Jungen: „Du darfst nicht mich fragen, ob du Schriftsteller werden sollst. Wenn du früh morgens aufwachst und du kannst an nichts anderes als an Schreiben denken, dann bist du ein Schriftsteller."

„Ich möchte Ihnen jetzt dasselbe sagen: „Wenn Sie früh am Morgen aufwachen und Sie haben keinen anderen Gedanken als den, dass Sie singen wollen, dann sind Sie eine geborene Sängerin."

Marrisa: „Was bezwecken Sie mit der Geschichte, Schwester? Was wollen Sie damit sagen?"

Sister Mary Clarence: „Lesen Sie das Buch! ...und rollen Sie nicht mit den Augen...!"

Viele von uns, auch ich, machen sehr oft den Fehler, dass wir denken, wenn wir dies oder jenes in ferner Zukunft erreicht haben, dann werden wir ein anderer, ein neuer Mensch. Wir lassen uns gern von dem, was wir uns in weiter Ferne erhoffen und wünschen, täuschen und glauben fest daran, dass die Veränderung der äußeren Umstände in unserer Zukunft uns glücklich macht und unsere Persönlichkeit und Charaktereigenschaften ändert.

Diese Art des Denkens und Glaubens ist nicht richtig. Warum nicht? Weil der Mensch sich nur dann verändert, wenn er sich bewusst dafür entscheidet und darum bemüht ist.

Ich habe viele Leute kennengelernt, die gesagt haben: „Wenn ich einmal älter bin, dann werde ich ein anderer Mensch sein" oder "wenn ich dies und jenes erreicht habe, dann habe ich auch die Voraussetzung dafür, dass ich jemand anders sein kann".

Trauere nicht deiner Vergangenheit nach und warte nicht auf eine plötzliche Verwandlung in der Zukunft, denn dies wird nie geschehen. Lebe nicht an deiner Gegenwart vorbei, sondern lebe und handle jetzt.

Ich möchte etwas klarstellen, damit ich nicht falsch verstanden werde: Äußere Umstände können der Anlass sein, dass ein Mensch sich von heute auf morgen verändert und zwar für immer, wenn er es wirklich wünscht und sich mit allem Eifer dafür einsetzt.

Ich lernte eine jungverheiratete Frau kennen, die sich in ihrer Jugend sehr fürchtete, dass sie nie den richtigen Partner finden und immer in ihrer Einsamkeit verbleiben würde. Ihre Gedanken kreisten in weiter Zukunft des Glücklich seins und der Veränderung ihres Lebens mit ihrem Partner.
Heute ist diese junge Frau mit einem wunderbaren Mann verheiratet. Sie sagte einmal zu mir: „Daniel, glaube nicht, dass du automatisch ein anderer Mensch bist, wenn du verheiratet bist. Denn oft fühle ich mich noch allein und einsam, obwohl ich glücklich verheiratet bin und drei wunderbare Kinder habe. Die Beziehung mit meinem Mann veränderte mich nicht automatisch, sondern ich musste mich Schritt für Schritt dafür einsetzen."

Eine Beziehung verändert einen Menschen nur dann,

wenn beide Partner daran arbeiten. Veränderte Umstände kommen durch unser Handeln im Inneren und im Äußeren.

Als kleines Kind dachte ich, wenn ich einmal nach Amerika fliegen sollte, dann würde ich ein ganz anderer und neuer Mensch sein.
Mit 23 Jahren war es dann so weit: Ich flog für drei Wochen nach Amerika. In Amerika musste ich nach der anfänglichen Begeisterung für den Kontinent feststellen, dass ich derselbe Daniel war, der ich in Deutschland bin. All meine Fehler, Schwächen, Einstellungen und Stärken waren noch vorhanden. Ich nahm all diese Eigenschaften mit nach Amerika.

Ich verändere mich nur dann, wenn ich mich bewusst dafür entscheide, dies gilt auch für eine sprunghafte Veränderung durch äußere Umstände.

Meine Sehnsüchte, Vorstellungen und Wünsche kann ich auch jetzt und hier realisieren, wo mein Zuhause ist, wo ich mich aufhalte. Ausflüchte in die Zukunft und das Verändern äußerer Umstände sind keine Garantie dafür, dass der Mensch sich verändert. Glücklich kann ich immer und überall sein, wenn ich meine innere Haltung verändere. Leben Sie Ihr Leben jetzt bewusst!

„Hätte ich drei Millionen Euro, dann würde ich mit

meiner Frau und meinen Kindern nach Amerika auswandern", sagte zu mir ein guter Freund. Eine junge Frau war einmal der Ansicht: „Wenn ich mit einem anderen Mann verheiratet wäre, dann könnte ich eine bessere Mutter und Ehefrau sein."

Mein Ratschlag für diese Überlegungen lautet: Tun Sie das, was Sie jetzt tun müssen und verlieren Sie dabei Ihre Lebensfreude nicht!

DIE ANGST

"Wir müssen Deiche des Mutes bauen gegen die Flut der Furcht."

Martin Luther King (1929 – 1968) amerikanischer Geistlicher und Politiker, 1964 Friedensnobelpreis

Ein neugeborenes Baby lernt von Anfang an, mit der Angst umzugehen, ob es will oder nicht. Immer wieder ist die Angst ein Bestandteil in unserem Leben, solange wir nicht zum völligen Vertrauen gefunden haben. Im Laufe unserer menschlichen Entwicklung lernen wir durch Erfahrungen die Angst kennen. Die meisten Ängste entstehen auf unnatürliche Weise durch unsere Gedanken, Vorstellungen und Überlegungen. Sie sind überflüssig und unnötig. Die natürlichen Ängste sind Schutzreflexe vor Einwirkungen äußerer und innerer Gewalten, wie sie auch bei Tieren vorhanden sind. Aber welches Tier hätte Angst davor, nicht schön genug zu sein?

Ängste sind Herausforderungen, die aktiv beseitigt werden müssen, wenn wir an ihnen nicht zugrunde gehen wollen. Wir können nicht alle Ängste auf einmal beseitigen, sondern müssen Schritt für Schritt vorgehen. Dadurch erlangen wir Selbstvertrauen und Entschlossenheit zum Handeln. Ängste treten in unserem Leben ganz unterschiedlich auf.

Wir quälen uns durch den Alltag, tragen die Angst ständig mit uns herum und merken nicht, dass unser Leben schöner sein könnte, wenn wir uns frei machen würden von den unnötigen Ängsten des Alltages.

Angst als Schutzreflex ist lebensnotwendig. Ohne sie würden wir in fahrende Autos hineinspringen, von einem hohen Haus herunter springen und viele Dinge tun, die uns Schaden oder den Tod bringen würden.

> "Fürchte dich nicht, denn ich bin mit dir; hab keine Angst, denn ich bin dein Gott..." *Jesaja 41:10*

In meinem Kurzurlaub in Venezuela lernte ich eine junge Frau kennen. Sie wirkte sehr selbstbewusst und sicher. Ohne Begleitung reiste sie nach Venezuela und lernte schnell Urlauber kennen, mit denen sie oft zusammen war. Venezuela ist für Touristen ein gefährliches Land, erst recht für eine junge Frau.

An einem heißen Morgen wollte sie zum Strand ans Meer hinuntergehen, aber es gab keinen, mit dem sie hätte gehen können. Alle ihre Freunde waren anderweitig beschäftigt.

Da nahm sie ihren Mut zusammen und ging von der Hotelanlage selbst zum Strand hinunter, der nur 300 Meter über die Hauptstraße entfernt war. Als sie an der Hauptstraße ankam, waren es bis zum Strand nur noch wenige Meter.

Wie es ihre Gewohnheit war, blieb sie am Straßenrand stehen und schaute nach links und rechts. Da bemerkte sie, wie ein Auto immer langsamer werdend auf sie zufuhr und schließlich genau vor ihr zum Stehen kam.

Das Fenster wurde herunter gelassen, ein junger Mann saß im Wagen und fragte sie auf Englisch: „Na, Kleines, kann ich Dir helfen?"

Energisch wies sie ihn ab, worauf er zu verstehen gab, dass er keine Späße verstand und nochmals zum Ausdruck brachte, dass er ihr helfen wollte.

Die junge Frau erwiderte, dass sie eigentlich nur über die Straße gehen wollte und mehr nicht. Der junge Mann sagte daraufhin: „Dann warte solange, bis ich meinen Wagen am Straßenrand geparkt habe und komme, um dich über die Straße zu begleiten."

Unsicherheit und ängstliche Gefühle überkamen sie wegen seiner aufdringlichen Hilfsbereitschaft. Sie dachte einen Augenblick nach und entschloss sich, die Flucht nach vorne zu nehmen und rannte, so schnell sie konnte wieder in die Hotelanlage zurück.
Was wäre geschehen, wenn sie nicht gehandelt hätte? Geschehen ist nichts, daher kann man sich mit der Vorstellung beruhigen, dass diese Begebenheit harmlos war. Aber wenn etwas passiert wäre, weil sie nicht gehandelt hatte, so wäre dieser Fall einer von vielen gewesen, in der die warnende Stimme der Vernunft, die Angst, nicht beachtet worden wäre.

Schenken Sie Ihren Ängsten immer Beachtung. Es kann für Sie lebensrettend sein und Sie auch vor alltäglichen Unannehmlichkeiten schützen. Das Verhalten der jungen Frau war zum gegebenen Zeitpunkt genau richtig. Oft ist es so, dass wir wissen, dass wir jetzt handeln müssen, aber wir tun es nicht. Aus welchen Gründen auch immer, wir werden davon abgehalten. Meistens ist es unser schwaches Selbstvertrauen.

Unsere Ängste sollen uns vor den Gefahren schützen und sie nicht verharmlosen.

DIE ANGST VOR DER ZUKUNFT

Im Frühjahr 1871 studierte ein junger Mann Medizin am allgemeinen Krankenhaus zu Montreal und sorgte sich sehr darüber, ob er sein Studium bewältigen würde, wie er sein Studium finanzieren sollte und wohin ihn seine Zukunft führte. Er machte sich große Sorgen über seine Zukunft, die ihm sehr wichtig war, wichtiger als seine Gegenwart. Dieser junge Mann nahm ein Buch zur Hand und las folgende Worte, die eine innere und äußere Wandlung und eine tief greifende Wirkung auf seine Zukunft haben sollten: „Unsere Hauptaufgabe ist nicht zu erkennen, was unklar in weiter Entfernung liegt, sondern das zu tun, was klar vor uns liegt."

Diese aufbauenden Worte von Thomas Carlyle verhalfen dem jungen Mann dazu, der berühmteste Arzt seiner Zeit zu werden. Er wurde Regius Professor der Medizin in Oxford, die höchste Auszeichnung, die einem Mediziner im britischen Weltreich zuteilwerden konnte. Er wurde vom König von England in den Adelsstand erhoben. Sein Name war Sir William Osler.

Im Frühjahr 1871 und schon immer vorher und nachher gab und gibt es Menschen, die Angst vor der Zukunft hatten und haben. Die Angst vor der Zukunft ist keine Erfindung unseres Jahrhunderts, sondern war schon immer ein Teil der Menschheit. Wir haben Angst, weil wir nicht erkennen können, was in der

Ferne auf uns zukommt. Durch unser Denken holen wir das herbei, was wir nicht wollen, anstatt zu verstehen, was jetzt und heute klar vor uns liegt.

Physiologen und Therapeuten beschäftigen sich zum größten Teil mit Patienten, die mit ihrer Angst nicht zurechtkommen. Sie arbeiten daran, den Patienten begreiflich zu machen, dass die meisten Ängste nur in der eigenen Phantasie und Gedankenwelt existieren, aber nicht in der Wirklichkeit.

Abgesehen von den normalen und kleinen Ängsten, beschäftigte mich die Angst vor meiner Zukunft in meiner Jugendzeit sehr. Oft lag ich abends auf dem Rücken im Bett und weinte, weil ich mir Sorgen machte um meine Schul- und Ausbildungszeit, über meine Arbeit. Ich stellte mir Fragen wie „Werde ich einmal selbständig arbeiten und Geld verdienen?", „Werde ich einmal heiraten?", „Werde ich den Glauben an Gott in schwierigen Umständen behalten können?" und „Werde ich körperlich immer gesund bleiben?" Es waren viele Nächte des Nachdenkens über meine Zukunft.

Als kleines Kind hatte ich Angst vor dem Mond. Der Mond war für mich etwas weit entferntes und in meinem kindlichen Dasein nicht begreiflich. Entfernte Dinge machen uns Angst.

Meine Brüder David und Michael schliefen mit mir zusammen in einem großen Zimmer. Durch das Fenster leuchteten in der Nacht die Lichter der vorbeifahrenden Autos in unser Zimmer hinein. Am

Abend vor dem St. Nikolaus-Tag gingen meine Brüder und ich voll Vorfreude früh zu Bett. Wir lagen da und konnten nicht einschlafen, weil wir so aufgeregt waren, dem Nikolaus zu begegnen. Mein Bruder Michael sagte: „Komm, wir schauen aus dem Fenster. Vielleicht sehen wir den Nikolaus mit dem Auto vorbeifahren?" „Eine gute Idee", erwiderten mein Bruder David und ich.
Eine Weile lang machte es Spaß, in jedem vorbeifahrenden Auto den Nikolaus zu vermuten. Doch da wir uns immer mehr hineingesteigert hatten, den Nikolaus sehen zu wollen, bekamen wir auch immer mehr Angst, ihn dann plötzlich wirklich zu sehen. Rasch krochen wir vom Fensterbrett und versteckten uns unter der Bettdecke. Es war mir doch lieber, der Nikolaus bringt mir etwas vorbei, ohne dass ich ihn sehen musste.
Das Entfernte und Unbekannte machte mir als Kind manchmal Angst. Vom Kind bis zum Erwachsenen bleiben die Ängste in einem, nur sie verwandeln sich in andere Ängste. Heute habe ich keine Angst mehr vor dem Mond oder dem Nikolaus.
Die Zukunft ist für mich die ungeborene Zeit, die mir die meiste Herausforderung und Disziplin abverlangt. In der Zukunft war ich zu Hause und doch war sie mir fremd. Meine äußeren Umstände jagten mir immer wieder Angst vor der Zukunft ein. Unsere eigenen Gedanken, Vorstellungen und die äußeren Umstände sind Merkmale, die uns Angst vor der Zukunft

machen können.

Im ersten Stadium deiner Zukunftsängste sind deine Ängste nur das Produkt deiner eigenen Phantasie.

Im zweiten Stadium deiner Zukunftsängste werden deine Ängste in der Gegenwart Realität, weil du das Produkt deiner eigenen Ängste geworden bist. Du bist überzeugt, dass deine Ängste zur Realität werden.

Die Angst vor der Zukunft findet nicht in der Zukunft statt, sondern in der Gegenwart, so wie jedes Entstehen in der Gegenwart beginnt. Unsere Gedanken und Vorstellungen stellen eine ungeheure Macht der Verwirklichung dar.

Nicht die kommenden Umstände selbst beunruhigen uns Menschen, sondern die Vorstellung von den Umständen. Alles, was intensiv geglaubt wird, ob gut oder schlecht, findet auf irgendeine Art seine Erfüllung. Spätestens im zweiten Stadium unserer Ängste müssen wir etwas dagegen unternehmen, damit sich unsere Ängste nicht vermehren und bewahrheiten.

Napoleon Hill schrieb einmal: „Es gibt viele Formen der Furcht. Manche von ihnen sind begründet, andere schlagen unversehens Wurzeln und wachsen unbemerkt heran. Es sei denn, Sie befreien sich von aller Unentschlossenheit und von allen Zweifeln, die den reichsten Nährboden der Furcht darstellen."

„Zahlreicher sind die Dinge, welche uns schrecken, als die, welche uns drücken, und öfters leiden wir in der Einbildung als in der Wirklichkeit." *von Seneca*

DIE HORIZONTALE SICHTWEISE

„Ich erkannte, dass das Leben seinen stärksten Ausdruck in der Vorstellungskraft findet – dass ironischer weise diese Vorstellungskraft der Schlüssel zur Wirklichkeit ist. Das ist etwas, was ich niemals vermutet hätte. Wir werden hierher geschickt, um unser Leben ganz zu leben, um es voll auszukosten, um Freude an dem zu finden, was wir geschaffen haben, ob es sich dabei nun um neue Gedanken oder Dinge oder Emotionen oder Erfahrungen handelt. Wir sollen unser eigenes Leben einrichten, unsere Begabungen nutzen und sowohl Fehlschläge als auch Erfolge erleben." *Betty J. Eadie, in ihrem Buch „Licht am Ende des Lebens"*

Wenn wir an einen Gott glauben, so verlangt er von uns, dass wir unserem Leben eine Perspektive geben und die durch unser Handeln entstehenden Konsequenzen tragen. Wir sollen unseren freien Willen nutzen und unseren Lebensweg eigenständig bahnen. In jeder Hinsicht überlässt uns Gott unsere Entscheidungsfreiheit und bietet Seine Hilfe an, wenn wir Ihn um Rat und Führung bitten.

All unsere Entscheidungen, Wünsche und Begehren müssen zuerst bildlich gesehen und im Geiste gedanklich erdacht werden, damit sie zur beschaulichen Wirklichkeit finden. Ob es sich dabei um gute oder schlechte Dinge handelt, spielt keine Rolle, denn alles findet analog dem Gesetz von Saat und Ernte den Weg zur Wirklichkeit.

Für all unser Handeln sind wir selbst verantwortlich. Unrechte Wünsche und eigensinniges Verlangen, gerade wenn diese einen anderen Menschen betreffen, wirken sich auf unser Leben immer negativ aus.
Benutze daher niemals Deine Vorstellungskraft, um einen anderen Menschen eigenwillig zu beeinflussen und um das zu erreichen, was Du Dir von dem Betreffenden wünschst. Missbrauche niemals die Entscheidungsfreiheit Deiner Mitmenschen.

Die Entscheidungsfreiheit ist ein göttliches Geschenk an uns alle, die jeder von uns täglich in Anspruch nehmen kann. Keiner will schließlich, dass man ihn zu etwas zwingt, zu Einstellungen oder Handlungen, die dem inneren Wollen zuwider sind.

Mein bester Freund Michael, mit dem ich in der Sandkiste aufgewachsen bin, wünschte sich schon immer einen eigenen Traktor. Als kleine Jungs spielten wir immer in der Sandkiste mit kleinen Spielzeugtraktoren. Uns machte es große Freude, in der Sandkiste unserer Phantasie freien Lauf zu lassen. Da mein Freund Michael von einem Bauernhof kommt, half er in der Landwirtschaft immer gerne mit und fuhr mit dem Traktor seiner Eltern.

Mit 22 Jahren war es dann so weit: Er kaufte sich einen eigenen Traktor. Michael hat sein lang ersehntes Ziel erreicht, weil er daran glaubte und seine Vorstellungskraft einsetzte.

Die Weite unseres Horizontes wird nur durch unser Vorstellungsvermögen begrenzt oder erweitert. Um die Vorstellungskraft zu gebrauchen, müssen wir lernen, mit unseren geistigen Augen zu sehen, was wir erreichen möchten. Unsere Träume und Ziele werden Wirklichkeit, je intensiver unser Glaube und unsere Vorstellungskraft sind und je mehr wir unser Vertrauen in Gott legen.

Eines Tages dachte ich während der Arbeitszeit darüber nach, wie schön es wäre, einmal in einem Film mitzuwirken. Ich stellte mir klar und deutlich vor, wie ich mit einem echten Regisseur zusammenarbeitete und vor einer laufenden Kamera stand.

Einige Wochen später holte mein Chef mich in sein Büro und teilte mir mit, dass einige Leute kommen würden, um Aufnahmen mit der Kamera zu machen, und dazu bräuchten sie jemanden, den sie am Arbeitsplatz filmen konnten. Ich dachte mir:

„Sicherlich werden es Studenten sein mit ihrer Videokamera."

Nach meiner Mittagspause sah ich auf dem Weg zu meinem Arbeitsplatz den Transporter einer großen Filmgesellschaft. Es handelte sich nicht um Studenten, sondern um eine echte Filmgesellschaft, die mich am Arbeitsplatz für einen Dokumentarbericht filmen wollte. Ich war nervös und etwas ängstlich, aber doch auch sehr erfreut über diese Gelegenheit.
Als ich an meinem Arbeitsplatz eintraf, sah ich den Regisseur, den Kameramann und die Frau mit dem Mikrofon. Mein Platz war schon fertig eingerichtet mit Scheinwerfern und anderen technischen Geräten. Wir fingen gleich mit der Arbeit an.

Die Dreharbeiten und das ganze Drumherum haben mir sehr viel Spaß gemacht. Meine Wunschvorstellung ging buchstäblich in Erfüllung.

KAPITEL 7
David Daum

ACHONDROPLASIE

Auszug aus der Projektausarbeitung meines Bruders David Daum für die Ausbildung zum Arbeitserzieher.

Im Pschyrembel, der Enzyklopädie der aktuellen klinischen Medizin, lesen wir die folgende nüchterne Beschreibung von Achondroplasie:

„Parrot-Kaufmann-Syndrom; dominant erbliche Störung der Knorpelbildung infolge Fehlens der Knorpelwachstumszone mit stark verzögerter enchondraler Ossifikation und dadurch bedingtem disproportioniertem Minderwuchs.

Das Krankheitsbild ist bei Geburt voll ausgeprägt und zeigt keine Progredienz. Häufigkeit: 1:10.000 Neugeborene.

Klinisch: kurze, plumpe Glieder (rhizomele Mikromelie) mit dichter Kortikalis (normale periostale Ossifikation); Spreizung zwischen 3. und 4. Finger (sog. Dreizackhand); kurzer Hals, großer Schädel.

Durch verzögertes Wachstum der Schädelbasis kann es zu Schädeldeformierungen mit Sattelnase kommen, daneben besteht meist ein verengtes und plattes Becken und eine Lordose.

Die geistige Entwicklung ist normal. Endgröße für Männer ca. 135 cm, für Frauen ca. 125 cm.
Komplikationen: Atemstörungen durch adenoide Vegetationen und schmalen Thorax sowie zervikomedulläre Kompression bei zu kleinem Foramen magnum."(1)

Professor J. Spranger, ehem. Universitätsklinik in Mainz, vermittelt dem Laien einen ersten verständlichen Einblick (Auszug aus einem Vorwort zur Achondroplasie):

„Gemessen an anderen chronischen Krankheiten des Kindesalters ist die Achondroplasie selten und mancher Arzt wird wenig über sie wissen. [...]

Knochenwachstum entsteht durch die Teilung von Knorpelzellen. Wachstum muss kontrolliert werden, denn ungehindertes Wachstums führt zu Krebs. Also hat die Natur eine Wachstumsbremse eingebaut. Diese Wachstumsbremse verhindert die Teilung von Knorpelzellen. Geregeltes Wachstum entsteht, indem die Bremse gelockert wird. Achondroplasie entsteht, wenn dieser Lockerungsprozess nicht funktioniert, die

Bremse zu stark bleibt. Medizinisch ausgedrückt liegt der primäre Defekt der Achondroplasie in einem mutierten Rezeptor, dessen konstitutive Aufgabe der Wachstumshemmung (durch Fibroblasten-Wachstumsfaktor 3) nicht genügend unterdrückt wird.

Sollte man zunächst denken, dass die Bremsung der Zellteilung nur zu kurzen Röhrenknochen, also nur zu einer Verminderung des Längenwachstums führt, so zeigt die Achondroplasie ein sehr viel komplizierteres Bild. Rippen bleiben zu kurz und so kann die Atmung beeinträchtigt sein. Knochenringe an den Wirbeln bleiben zu klein und damit der Kanal, in dem sich das Rückenmark befindet.

Ungenügende Zellteilung an der Schädelbasis führt zum Aufstau von Blut und Hirnwasser.

Im zu kleinen Rachenraum sammelt sich Schleim und bietet den Nährboden für Entzündungen, die sich in das Mittelohr fortsetzen und dort Schwerhörigkeit bedingen können. Schwerhörigkeit beeinträchtigt die Sprachentwicklung.

So resultiert ein komplexes Zustandsbild, das sich überdies mit dem Alter ändert. Das Wachstum bleibt ja nicht völlig aus. Röhrknochen und Rippen werden länger, der Rachenraum und die Abflusskanäle aus dem Gehirn vergrößern sich. Insgesamt bessert sich das Zustandsbild mit dem Alter. Erst bei Erwachsenen können neue Probleme auftreten."(2)

Achondroplasie als eine der häufigeren Kleinwuchsformen gehört in die Kategorie der Skeletterkrankungen. „Gemeint sind damit Entwicklungsstörungen des Skelettsystems im Sinne einer Fehlentwicklung des Knochenknorpelgewebes, die zu Kleinwuchs führt.

Für diese Kleinwuchsformen sind eine Reihe von Bezeichnungen gebräuchlich, was bei den Betroffenen leicht Verwirrung und Unsicherheit stiftet. So können die Diagnosen lauten: Achondroplasie, Hypochondroplasie oder Chondrodystrophie. Die leichtere Form der Krankheit nennt man Hypochondroplasie. Hier zeigt der Kopf nicht so starke Abweichungen, die Verschiebung der Körperproportionen ist weniger ausgeprägt, die Muskelschlaffheit geringer. Jedoch haben einige Kinder eine Lernbehinderung.

Die Ursachen für diese Wachstumsstörungen sind weitestgehend unbekannt, und daher ist auch keine die Ursachen beseitigende Behandlung möglich.

Achondroplasie und Hypochondroplasie werden durch zwei verschiedene Veränderungen (Mutationen) derselben Erbanlage (Gen) verursacht, dies erklärt ihre Ähnlichkeit. Eine vorgeburtliche Diagnostik ist im Verdachtsfall möglich.

Als das wesentliche Merkmal der Störung ist die mangelhafte Teilung der an den Knochenenden liegenden Knorpelzellen anzusehen. Diese Teilung ermöglicht die Bildung neuer Knorpelsubstanz, die anschließend verknöchert, mit dem Ergebnis, dass der Knochen wächst. Besonders betroffen sind dabei die Verknöcherungen im Bereich der Wachstumszonen, der Röhrenknochen, das sind die Knochen der Arme und Beine mit Fingern und Zehen."(3)

"Hauptsymptome sind kurze Arme und Beine, kleine Hände und Füße, relativ langer Rumpf, großer Hirnschädel und kleines Mittelgesicht, vorgewölbte Stirn mit kurzer Nase und eingezogener Nasenwurzel, Streckhemmung der Ellenbogengelenke und Hüftgelenke, Überstreckbarkeit der Finger-, Knie- und Fußgelenke.

Durch geringere Festigkeit der Knie- und Fußgelenke kann es zu häufigem Umknicken und Hinfallen kommen. Säuglinge und Kleinkinder haben eine ausgeprägte Muskelschlaffheit, die eine langsamere motorische Entwicklung erklärt, sich aber später von selbst bessert. Das schnelle Schädelwachstum bei jungen Säuglingen kann einen Hydrozephalus (Wasserkopf) vortäuschen.

Die Reichweite der Arme ist sehr gering, einmal, weil sie ohnehin kurz sind, zum anderen, weil sie nicht bis zur Geraden gestreckt werden können. Es können auch Rückgratverkrümmungen nach vorn und hinten auftreten; häufig ist die Wirbelsäule zum unteren Ende hin verengt, wodurch im Erwachsenenalter Rückenschmerzen auftreten können.

Kleinwüchsige Kinder leiden häufig an ernsthaften Ohrenbeschwerden. Durch häufige Atemwegsinfekte und Mittelohrentzündungen können Schwerhörigkeit und verzögerte Sprachentwicklung auftreten. Ohne Behandlung besteht die Gefahr der Ertaubung. Diese Beeinträchtigung hängt vermutlich mit der Besonderheit des Knochenwachstums des Schädels zusammen, wodurch sich häufig auch ein zu hoher Gaumen bildet.

Die Muskulatur ist meistens kräftig, die Intelligenz normal.

Die Erwachsenengröße liegt bei der Achondroplasie zwischen 120 und 130 cm, bei der Hypochondroplasie kann die Erwachsenengröße zwischen 150 und 160 cm liegen."(3)

SELBSTHILFE UND INTEGRATION

Professor J. Spranger führt in seinem Vorwort zur Achondroplasie weiter aus:

„Die Vielfalt des Erscheinungsbilds und ihre natürliche Entwicklung muss man kennen, wenn man Komplikationen verhüten soll. Man muss sie freilich auch kennen, um die Wirksamkeit von vorbeugenden und Rehabilitationsmaßnahmen beurteilen zu können.

Und hier gibt es eine Gefahr. Wie bei jedem chronischen Leiden, dessen Ursache man noch nicht beseitigen kann, bieten sich wohlmeinende Ratgeber und Wunderheiler an, die mit ungewöhnlichen Maßnahmen Besserung und Linderung versprechen. Häufig stammen die Prozeduren aus fernen Ländern und sind mit phantasievollen Namen versehen. Dummerweise fehlt die Information, wie sich die Achondroplasie ohne das Wundermittel entwickelt hätte. Es fehlt der Vergleich.

Die Sorgfalt, die man von jedem Hersteller von Arzneimitteln selbstverständlich erwartet, der Nachweis der Wirksamkeit wird nicht erbracht. Die natürliche Besserungstendenz der Achondroplasie wird der Behandlungsmaßnahme zugeschrieben. Gern werden leichter betroffene Kinder als Beispiel für die segenreiche Behandlung vorgewiesen, schwerer

betroffene eher zurückgehalten. Bei diesen Bedenken sei nicht verschwiegen, dass auch Schulmediziner gelegentlich Maßnahmen anbieten, die in den Bereich des Experiments gehören. Es bedarf der Information und der Kritikfähigkeit, um Nützliches von Fragwürdigem zu trennen. [...]
Eine objektive Bestimmung von Gesundheit gibt es nicht. Gesund ist, wer sich gesund fühlt. Und ein Kind mit Achondroplasie fühlt sich selten krank, etwa wenn es Fieber oder Masern hat. Ganz überwiegend fühlt es sich gesund wie andere Kinder auch.
Das hat nichts zu tun mit seiner Leistungsfähigkeit im Anspruchsgefüge unserer Gesellschaft. Ein Kind mit Achondroplasie kann nicht alles, was andere Kinder können. Diese Beeinträchtigung der Leistungsfähigkeit bezeichnen wir nicht als Krankheit, sondern als Behinderung.
Im Unterschied zu Gesundheit, die subjektiv empfunden wird, ist Leistungsfähigkeit messbar und setzt einen von außen geprägten Leistungsanspruch voraus.

Unsere Aufgabe ist es, Behinderung so gering wie möglich zu halten, auf zweierlei Weise: Einerseits müssen wir Leistungsfähigkeit erhöhen durch Heilung, Linderung oder Verhütung von Verschlechterung. Hierzu müssen wir den natürlichen Verlauf und die Komplikationen der Achondroplasie kennen und sie nach Möglichkeit verhüten.

Andererseits müssen wir unseren Leistungsanspruch anpassen, d.h. die Rahmenbedingungen an die Leistungsfähigkeit des kleinwüchsigen Menschen adaptieren. Wir müssen die Leistungsbedingungen so gestalten, dass sich Menschen mit Achondroplasie in unserer von Großwüchsigen bestimmten Gesellschaft wohl fühlen.

Kleinwuchs ist eine Besonderheit. Jeder Mensch hat eine Besonderheit. (2)

Selbstbestimmung und Integration im weitesten Sinne sind ein weites Feld der Entfaltung und Entwicklung.

Ziel sollte dabei eine nachhaltige Verbesserung der beruflichen und der damit verbundenen sozialen Teilhabe kleinwüchsiger Menschen in unserer Gesellschaft sein. Die gesellschaftliche Teilhabe darf kein sozialer Gnadenakt, sondern muss vielmehr selbstverständlicher Bestandteil unserer Kultur sein. Kleinwuchs hat nichts mit mangelnder Kompetenz zu tun.

Literaturhinweise

(1) Pschyrembel – Enzyklopädie
der aktuellen klinischen Medizin

(2) Prof. J. Spranger (ehem. Universitätsklinik in Mainz) – Auszug aus einem Vorwort zur Achondroplasie;

www.kleinwuchs-forum.de (existiert nicht mehr)

(3) Bundesverband Kleinwüchsige Menschen und ihre Familien e.V. (BKMF) www.bkmf.de

GASTAUTORIN
Cathy Stevenson – USA

KAPITEL 8
Mein Kleinwuchs

Ich heiße Cathy Stevenson und bin im Jahr 1983 in Salt Lake City, Utah, USA geboren. Ich habe auch in Texas gewohnt, aber ich bin hauptsächlich in Kalifornien aufgewachsen. Ich wohne jetzt wieder in Utah. Ich bin ungefähr 122 cm groß. Ich bin kleinwüchsig; mein Kleinwuchs heißt diastrophische Dysplasie.

Ich bin das älteste von sechs Kindern. Von ihnen war nur noch ein Bruder kleinwüchsig. Er ist aber kurz nach der Geburt gestorben.

Natürlich kann ich nur wenig über die Zeit sagen, als ich ein Baby und ein kleines Kind war. Meine Mutter hat ein paar Zeilen aufgeschrieben, an was sie sich von dieser Zeit erinnert. Hier sind ihre Worte:

Einer meiner Hauptgründe, warum ich heiraten wollte, war, dass ich eine Mutter werden wollte. Als Bob und ich feststellten, dass ich zum ersten Mal schwanger war, waren wir beide überglücklich. Wir waren wie die meisten jungen Paare: jung, bettelarm und in der Ausbildung, aber sehr glücklich.

Ultraschall war damals noch ziemlich neu und es gab keine Routineuntersuchungen damit, so dass ich während meiner Schwangerschaft mit Cathy nie geschallt wurde.

Ich habe von angehenden Eltern gehört, die sehr besorgt sind, dass etwas schief gehen oder ihr Kind eine Behinderung haben könnte, besonders bei der ersten Schwangerschaft. Ich habe mir nie solche Sorgen gemacht. Ich war einfach nur glücklich zu wissen, dass ich bald ein eigenes kleines Baby haben würde, einen Jungen oder ein Mädchen.

Während der Wehen und der Entbindung hatte Cathy sich ungünstig im Geburtskanal eingestellt und die Geburt ging schleppend voran. Schließlich musste sie mit der Geburtszange herausgezogen werden. Da es 1 Uhr morgens war und ich in der Nacht zuvor nicht viel geschlafen hatte, war ich sehr müde. Die Ärzte machten sich schnell an die Arbeit, aber ich durfte meine Tochter nicht halten und mit ihr kuscheln, weil sie auf die Intensivstation gebracht wurde. Der Arzt sagte mir nur, dass ihre Beine etwas kurz zu sein schienen, aber er wirkte zufrieden und glücklich und ich fühlte mich wohl.

Erst viel später fand ich heraus, dass Cathy in der Intensivstation sein musste, weil sie Kindspech geschluckt hatte. (Das wurde nicht mit ihrem

Kleinwuchs in Verbindung gebracht, aber jeder schien so besorgt darüber, dass uns niemand etwas anderes mitteilte. Der Geburtshelfer ging in Urlaub, und er kommunizierte überhaupt nicht mit uns. Erst viel später konnte ich mit ihm sprechen.)

Bob begleitete die Leute, die Cathy auf die Neugeborenen Station brachten. Als er zurückkam, sah er einfach wie ein glücklicher, entzückter Vater aus. Als ich ihn fragte, ob ihre Beine zu kurz waren, lächelte er nur und sagte „Nein". (Zurückblickend bin ich mir sicher, dass Bob wusste, dass etwas mit dem Körperbau seiner Tochter nicht in Ordnung war, weil er eine wissenschaftliche Ausbildung hatte; aber für uns beide war Cathy vollkommen.)

In der Nacht wurde mein Krankenzimmer von vielen Krankenhausangestellten und Fachärzten aufgesucht. Ich war müde und wollte schlafen. Unser Kinderarzt nahm es auf sich, ohne unser Wissen und unsere Zustimmung genetische Fachleute hinzuzuziehen. (Ich bin froh, dass wir versichert waren.) Der Kinderarzt teilte uns schonungslos mit, dass Cathy pseudo-diastrophischem Zwergwuchs hat. Die Genetiker dagegen waren nicht so schnell mit ihrer Diagnose und warteten mit einer Bezeichnung für ihre Fehlbildung, bis sie die Röntgenaufnahmen und Fotografien auf drei verschiedenen Fachtagungen besprochen hatten. (Uns wurde gesagt, dass es eine rezessive Störung sei, was bedeutet, dass Bob und ich ein gemeinsames Gen haben und dass bei jeder Schwangerschaft die Chancen bei 1:4 standen, ein Kind mit einem ähnlichen Zustand zu bekommen. Damals war das Gen nicht genau bekannt, inzwischen ist es identifiziert worden.) Der Kinderarzt sagte uns auch, dass wir erst später wissen würden, ob Cathy geistig behindert ist oder nicht.

Wir mochten die herablassende Art dieses jungen Arztes nicht und wechselten so schnell wie möglich zu einem anderen Kinderarzt. Wir brachten Cathy zu dem Kinderarzt, den ich selbst als Kind gehabt hatte. Er besuchte uns auch, als sie noch im Krankenhaus war und er sich um seine eigenen Patienten kümmerte. Er fragte, warum Cathy noch in der Kinderklinik versorgt wurde. Als ich sagte, dass ihre Glieder ein bisschen kurz seien, erwiderte er: „Oh, wie meine." Er war ein Mann von knapp 1,70 m Größe. Es ist viel besser, sich mit positiven Menschen zu umgeben.

Im Krankenhaus kam auch die Klinikpsychologin, um mit mir zu sprechen. Ich fand, dass das, was sie mir zu sagen hatte, sehr seltsam war. Sie sagte, dass sie sich sicher sei, dass ich mich fragte: „Warum ist das mir passiert? Warum habe ich kein perfektes Baby?" Nein, ich habe mich das nie gefragt. Aber ich dachte mir: „Was ist Ihr Problem? Cathy ist ein perfektes Baby. Was machen Babys? Sie essen, machen in die Windel, schlafen, weinen. Ja, sie ist ein perfektes Baby. Sie mag in der Zukunft auf ein paar Probleme stoßen, aber wir werden einfach warten und sehen und dann damit umgehen." Ich erinnere mich auch, dass ich mir überlegte, ob sie Skoliose (Verkrümmung der Wirbelsäule) hatte. Als Baby hatte sie das nicht, und innerlich wusste ich, dass das gut war. Die Psychologin stellte mir auch seltsame Fragen über meine Familie.

Meine Mutter besuchte Cathy nicht auf der Intensivstation, weil sie eine Zahnbehandlung oder einen Abszess oder ähnliches gehabt hatte und sie keine Infektionen in die Nähe der kleinen Babys bringen wollte. Aber es war klar, dass die Psychologin befürchtete, dass Cathy von ihrer Großmutter nicht angenommen werden würde. Nichts hätte weiter von der Wahrheit entfernt sein können.

Ich weiß, dass mein Glaube und der Glaube meines Mannes an Jesus Christus und den Plan des Glücklichseins viel zu tun hat mit unserer Einstellung in Bezug auf Herausforderungen des Lebens. Wir haben es nie bedauert, dass Cathy Teil unserer Familie ist, und wir sind wirklich gesegnet worden durch die vielen Gaben und Talente, die sie in unser Zuhause brachte. Ich habe wirklich nie gefragt: „Warum ich?", aber manchmal habe ich überlegt: „Warum sie?" Ich bin mir nicht sicher, warum jeder von uns persönliche Herausforderungen in seinem Leben hat (außer, weil wir in einer unvollkommenen Welt leben), aber ich weiß, dass Cathy immer sehr intelligent und für ihr Alter überaus koordiniert und begabt war. Sie ist eine alte, weise Seele, die uns allen viel beigebracht hat, und sie ist gut durchs Leben gekommen. Ich glaube nicht, dass sie jemals wirklich dachte, dass sie viel anders als andere sei.

Wir nahmen Cathy vom Krankenhaus mit nach Hause, als sie drei Tage alt war. Sie hatte eine gesunde, glückliche Kindheit. Sie lächelte früh, sprach früh und lernte schnell.

Ich erinnere mich an ein Gespräch mit meiner Schwester, kurz nachdem Cathy geboren worden war. Ich sagte, dass ich einfach nicht wollte, dass sich andere Kinder über sie lustig machen, wenn sie zur Schule geht. Meine Schwester sagte mir, dass sich darüber alle Mütter Sorgen machten und ich habe herausgefunden, dass das stimmt. Wir alle sind verschieden, aber unsere Gemeinsamkeiten überwiegen immer unsere Unterschiede.
Ich glaube, weil ich jung war, dachte ich, dass Cathy einiges aufholen könnte, wenn ich sie gut ernährte. Alle Eltern wollen das Beste für ihre Kinder. Ich hatte immer den Glauben, dass sie geheilt werden kann, aber ich weiß, dass dies gemäß dem Zeitplan des Herrn geschehen wird.

Cathy begann in kurzen Sätzen zu sprechen und Kinderreime aufzusagen, als sie zwischen 12 und 18 Monaten alt war. Sie war früh dran mit Sprechen, Singen und Problemlösen, so viel ist klar. Ich erinnere mich an ein sehr trauriges Erlebnis nach der Geburt von Cathys Bruder John. Bald stellte Cathy fest, dass Johns Finger normal funktionierten, während manche ihrer Fingergelenke sich nicht biegen ließen. Eines Tages saßen wir alle im Auto und Bob und ich hörten Cathy frustriert ausrufen: „Finger, biegt euch!" Sie war damals 22 oder 23 Monate alt.

Cathy krabbelte nie, wahrscheinlich weil ihre Arme kurz waren. Aber ich habe niemals ein Kind gesehen, dass schneller über den Boden rollen konnte als Cathy. Wenn sie ein Spielzeug wollte, fand sie einen Weg dranzukommen.

Dann lernte sie auf dem Po zu sitzen und im Sitzen schnell vorwärts zu rutschen. Sie machte den ersten Schritt, als sie ungefähr 14 ½ Monate alt war und konnte innerhalb eines Monats laufen.

Obwohl Cathy nie normale Fingerfertigkeit entwickelt hat, hat sie immer einen Weg gefunden, Dinge zu meistern. Sie konnte früher als jedes ihrer Geschwisterkinder ihre Schuhe zubinden. Sie konnte mit vier Jahren prima schaukeln. Ihre Hand-Augen-Koordination ist phänomenal, daher sollte man sie besser nicht zu einem Computerspiel herausfordern. Sie kann auch großartig Klavier spielen.

Kurz vor ihrem vierten Geburtstag wurde Cathy an der rechten Hand operiert. Das war für uns alle eine anstrengende Erfahrung. Ich glaube nicht, dass der Arzt uns erklärt hatte, wie es nach der Operation sein würde. Als junge Mutter fiel es mir schwer, Cathys Finger mit einem selbstklebenden Pflaster nach unten zu kleben in der Hoffnung, dass die Gelenke geschickter werden und nicht zusammenwachsen würden. Aber Cathys Finger waren noch nicht verheilt und es war sehr schmerzhaft für sie und so kämpfte sie dagegen an. Es war sehr traurig und ich bin nicht gut damit zurechtgekommen. Es ist schwer, ein Kind im zarten Alter von vier Jahren den Glauben verlieren zu sehen, dass die Welt ein guter Ort ist, wo man immer seinen Eltern und anderen Erwachsen vertrauen kann. Aber wir haben es überstanden.

Die Operation brachte ihre Hand in eine andere Stellung und ich denke, dass dies Cathy beim Schreiben und anderen Aufgaben geholfen hat. Aber es hat nicht dazu geführt, dass ihre Gelenke alle normal funktionieren. Und wir haben herausgefunden, dass sie mit der linken Hand gleichermaßen gut zu Recht kam, so dass wir uns gegen eine Operation an dieser Hand entschieden haben.

Cathy konnte für ungefähr ein Jahr zur Ergotherapie gehen dank den „Easter Seals" (amerikanische Organisation für Menschen mit Behinderung). Mehr als alles andere gefiel ihr die Interaktion mit einem anderen Erwachsenen. Es war fast wie die Vorschule. Ich weiß, dass die Therapeuten auch an Cathy Freude hatten, weil sie so intelligent war.

Am Ende der ersten Klasse bog sich eines von Cathys Knien nach innen und ihr Unterschenkel nach außen. Ihr Orthopäde hielt eine Operation für notwendig. Als ihre Mutter hatte ich das Gefühl, dass dies für Cathy zu diesem Zeitpunkt nicht gut sein würde. Wir übten unseren Glauben aus, beteten und baten einen Kirchenführer um einen besonderen Segen für Cathy. Die Operation war dann unnötig und der Orthopäde teilte uns mit, dass Cathy sich über alle Regeln hinwegsetzte. Wir alle wussten, dass es ein Geschenk Gottes war.

Als sie in der dritten Klasse war, stürzte Cathy von der Leiter an einer Rutsche. Sie brach sich das Schlüsselbein. Da sie bereits in der Patientenkartei einer orthopädischen Klinik in der Nähe unseres Hauses geführt wurde, brachten wir sie dorthin. Es war ein Unfall, der jedem Kind passieren kann und Cathy erholte sich recht schnell davon. Die andere Operation, die Cathy hatte, sollte verhindern, dass sich ihre Skoliose verschlimmerte. Als sie fünf oder sechs war, begann sich bei Cathy eine Skoliose zu entwickeln. Sie trug orthopädische Prothesen, die ihr helfen sollten, so gerade wie möglich zu wachsen. Der Arzt sagte, dass sie frühestens ein Jahr nach Beginn ihrer Regelblutung operiert werden sollte, so dass Cathy ihre volle potentielle Körpergröße erreichen könnte. So wurde sie im Alter von 13 Jahren operiert.

Der Orthopäde versuchte zunächst, einen Stab in Cathys Wirbelsäule einzusetzen, aber sie verlor dadurch sofort an Beweglichkeit. Daher entfernte er den Stab schnell wieder, um einen dauerhaften Schaden zu vermeiden. Dann nahm er etwas von ihrem Beckenknochen, um einige Bereiche ihrer Wirbelsäule zu stabilisieren und weitere Verkrümmungen zu vermeiden. (Sie hatte später eine weitere Operation, um die Narbe zwischen ihren Schulterblättern zu revidieren, aber aufgrund ihrer Lokalisation verbreiterte sie sich wieder.)
Ich könnte über all das Wunderbare schreiben, was Cathy erreicht hat, aber das würde sehr lange dauern. Und ich glaube, es ist für dieses Buch nicht nötig. Ich werde daher nur ihre größten Leistungen aufzählen, so dass die Leute erfahren, dass es nicht die Erfolgschancen einschränkt, klein von Statur zu sein.
Cathy machte im Jahr 2000 als Jahrgangsbeste den Schulabschluss. Sie hatte in der Mittel- und Oberstufe nur Einser im Zeugnis. Sie erhielt ein volles Stipendium für die Brigham-Young-Universität in Provo, Utah, und weitere kleinere Stipendium. Sie absolvierte die BYU mit der Auszeichnung „Magna cum Laude", wobei Deutsch ihr Hauptfach und Russisch ihr Nebenfach war. Sie erfüllte dann eine 1

½-jährige Vollzeitmission für die Kirche Jesu Christi der Heiligen der Letzten Tage in der Familiengeschichtsbibliothek. Sie arbeitet zurzeit Vollzeit für die Kirche und macht nebenher einen Masterstudiengang in Bibliothekswissenschaften. Sie ist eine unabhängige junge Frau. Genau genommen hat sie Familienmitgliedern und Freunden schon aus finanziellen Nöten geholfen.

Cathy hatte einen Bruder, der auch mit diastrophischer Dysplasie geboren wurde. Er hat nach seiner Geburt nicht lange gelebt, weil er außerdem das Potter-Syndrom hatte. Wir wissen, dass er zu seinem Himmlischen Vater zurückgekehrt ist, aber besonders Cathy hat es bedauert, ihren Bruder nicht kennen lernen zu können. Eines Tages wird sie das nachholen können so wie der Rest unserer Familie.

Cathy hat auch einen Bruder, der unterschiedlich lange Beine hat. Es sah so aus, als ob er eine Skoliose entwickelte, aber in der Vorpubertät und Pubertät wurde ersichtlich, dass in Wirklichkeit sein rechtes Bein länger als sein linkes war. (Er hat zudem eine unterentwickelte Rippe.) Er wurde operiert, um das Wachstum des längeren Beines zu verlangsamen, so dass das kürze Bein aufholen konnte.

Heute weichen die Beinlängen nicht mehr um 3,8 cm, sondern nur noch um 1,2 cm voneinander ab. (Der

Grund, warum ich dies anführe, ist der, dass die Gene, die zur diastrophischen Dysplasie beitragen, auch mit den Wachstumsfugen zu tun haben. Mir hat noch niemand bestätigt, dass sein Zustand das Ergebnis derselben Gene ist, aber ich finde den Gedanken interessant.)

Es gibt auf der ganzen Welt heute keinen reinen Genpool, aber wir haben herausgefunden, dass es viele unsichtbare Störungen und Probleme gibt, die weitaus hinderlicher sind als Kleinwuchs. Cathy hat hervorragend gelernt, damit umzugehen und ihren Lebensweg erfolgreich und fröhlich zu meistern.

An einiges kann ich, Cathy, mich aber erinnern. Zu Hause war ich nie verschieden von den anderen Kindern. Wo es nötig war, hatte ich einen kleinen Hocker. Es wurde aber nie mehr oder weniger von mir erwartet als von den anderen Kindern.

Meine Tante und meine Großmutter erzählen manchmal, wie ich einmal als Baby irgendein Spielzeug wollte, das nicht neben mir lag. Ich deutete darauf, aber meine Mutter sagte: „Willst du das haben? Das kannst du dir selber holen." Die Tante und die Großmutter waren ein wenig überrascht; beide sagen, dass sie wahrscheinlich nicht so reagiert hätten, sondern mir das Spielzeug geholt hätten. Ich bin aber dankbar, dass meine Mutter mich früh gelehrt hat, dass ich alles selber machen kann. Ich hatte dieselben Pflichten wie die anderen Kinder, und ich hatte auch dieselben Gelegenheiten. Deshalb bin ich jetzt selbstständig; ich frage nur um Hilfe, wenn ich die Hilfe unbedingt brauche.

Mit meinem Kleinwuchs kann ich die Finger nicht so biegen, wie es andere Leute können. Trotzdem habe ich immer fast alles machen können, was ich wollte. In der Schule, als ich in der 4. Klasse war (also mit 9 Jahren), durfte ich lernen, ein Musikinstrument zu spielen.

Am ersten Tag bin ich mit einer Klarinette in die Orchesterklasse gegangen, aber der Lehrer wusste sofort, dass ich die Klarinette nicht spielen konnte. Meine Arme und meine Finger waren zu kurz. Er hat also vorgeschlagen, dass ich vielleicht die Trompete spielen sollte. Das nächste Mal bin ich mit einem Kornett, das ein wenig kürzer als eine Trompete ist, gekommen. Ich habe angefangen, es spielen zu lernen. Da es mir viel Spaß gemacht hat, Trompete zu spielen, habe ich vieles allein zu Hause gelernt. Die Kinder in der Schule konnten nicht schnell genug lernen; ich wollte sofort richtig spielen.

Ich erinnere mich noch daran, dass mein Vater am Anfang gesagt hat, es hörte sich so an, als ob ein Elefant starb. Es dauerte aber nicht lange, bis ich einige Lieder spielen konnte und schnelle Fortschritte in der Musikklasse machte. Sechs Jahre lang habe ich Trompete gespielt. Meine Trompete habe ich immer noch, aber ich spiele jetzt nur noch selten.

Mit neun Jahren habe ich gelernt, zu häkeln. Ich habe seither nicht mehr oft gehäkelt, aber ich häkele gern. Wenn ich eine gute Vorlage finden kann, lerne ich, es zu häkeln. Hüte, Schale, Spielzeuge und so weiter habe ich gehäkelt. Ich finde es entspannend, also häkele ich oft, während ich fernsehe. Es macht mir besonders viel Spaß, wenn ich Decken, Hüte und anderes für die Babys und kleinen Kinder meiner Freunde machen kann.

Später, als ich in der High School war, habe ich auch gelernt, Klavier zu spielen. Ich werde nie Konzertpianistin sein, aber ich kann Kirchenlieder gut genug spielen, dass ich öfters in der Frauenversammlung in der Kirche den Gesang begleite. Man erwartet wahrscheinlich nicht, dass ich mit solch kurzen Fingern Klavier spiele, aber das ist ein weiteres Beispiel dafür, dass ich das machen kann, was ich will.

Zu Hause war Musik immer sehr wichtig. Ich singe auch gern. Es macht mir viel Spaß, wenn sich die Familie um das Klavier herum versammelt, um Lieder zusammen zu singen. Ich singe gern, besonders wenn ich allein bin, aber auch in der Kirche.

In meiner Familie ist eine Ausbildung sehr wichtig. Mit vier Jahren habe ich Lesen gelernt. Sobald ich lesen konnte, wollte ich immer mehr lesen. Wir sind oft in die Bibliothek gegangen, und mein Vater hat mir auch ab und zu ein neues Buch gekauft. Ich hätte als kleines Kind gesagt, dass „Charlotte's Web" (dt. Wilbur und Charlotte) mein Lieblingsbuch ist. Zurzeit weiß ich nicht, welches Buch ich am liebsten habe. Es sind zu viele, die ich gelesen habe und die ich gern hatte.

Im ersten Semester an der High School, die von der 9. bis zur 12. Klasse dauert, hatte ich eine Operation, da ich Skoliose habe. Zu der Zeit war meine jüngste Schwester nur ein paar Monate alt. An manches erinnere ich mich noch. Zum Beispiel, dass mich eine Krankenschwester sehr enttäuscht hat, als ich im Krankenhaus war. Ich wollte ein Buch lesen, aber sie wollte mir nur kurze Kinderbücher bringen. Anderes habe ich vergessen, vielleicht weil ich mich lieber nicht an den Schmerz erinnern möchte. Ich weiß aber, dass ich sehr froh war, ein kleines Baby zu Hause zu haben und lieber hätte helfen wollen. Das konnte ich nicht, da ich zu der Zeit selbst um Hilfe bitten musste.

Ich habe erst in der High School angefangen, Deutsch zu lernen. Mein Großvater mütterlicherseits kommt

aus Deutschland, und deshalb wollte ich immer Deutsch lernen. Nach den vier Jahren an der High School habe ich mich entschlossen, Deutsch weiter zu studieren. Ich habe an der Brigham-Young-Universität studiert. Da war Deutsch mein Hauptfach und Russisch mein Nebenfach.
Mit 17 Jahren war ich zum ersten Mal ganz selbstständig: Ich war nicht mehr bei meinen Eltern zu Hause, und ich musste alles selber machen. Obwohl ich meine Familie manchmal vermisst habe, war ich froh, die Freiheit kennenzulernen. Das Studium hat mir auch gefallen. Ich war eine gute Studentin und durfte in dieser Zeit viele neue Freunde kennenlernen.

Während des Studiums habe ich auch herausgefunden, dass ich gerne Sprachen lerne. Ein paar Semester habe ich Hebräisch studiert, und neulich habe ich ein wenig Spanisch gelernt. Obwohl ich nur selten Gelegenheit habe, diese Sprachen zu benutzen, lerne ich trotzdem gern. Ab und zu lese ich etwas in einer Fremdsprache, und ich freue mich, wenn ich deutschen Touristen begegne, mit denen ich kurz reden darf.

Als ich studierte, habe ich gedacht, ich würde Lehrerin werden. Ein Semester lang war ich Referendarin an einer High School, wo ich Deutsch unterrichtet habe. Ich glaube, dass manche Schüler dachten, es sei einfach, mir nicht zuzuhören, weil ich kleinwüchsig bin. Diese Schüler haben schnell gelernt, dass ich doch richtig unterrichten und sie sogar disziplinieren konnte, wenn ich es musste. Als Referendarin habe ich viel gelernt: vom Lehrer, über das Lehren, über die deutschen Sprache und so weiter. Ich hoffe, die Schüler haben viel Deutsch gelernt sowie auch Respekt vor anderen Kulturen und vor allen Menschen.

Während der Zeit meines Studiums habe ich Daniel Daum kennen gelernt. Eine Bekannte hat vorgeschlagen, wir sollten uns E-Mails schreiben, da Daniel den Wunsch hatte, kleinwüchsige Leute in den USA kennenzulernen. Es war mir nie zuvor eingefallen, dass ich vielleicht einen kleinwüchsigen Freund haben soll.

Als Kind hatte ich sehr kurz eine Brieffreundin, die auch kleinwüchsig ist. Das war toll, aber irgendeine andere Brieffreundin zu haben, wäre auch toll gewesen. Ich habe nie geglaubt, dass ich anders war als die anderen Menschen um mich herum, also habe ich auch nie andere kleinwüchsige Leute ausgesucht. Es hat mir aber sehr gefallen, Daniel zu schreiben und oft von ihm zu hören. In einigen Fällen haben wir festgestellt, dass wir sehr ähnlich sind, in anderen vielleicht nicht so sehr.

Wir beide wussten es schon, aber ich habe auch wieder erkannt, dass wir normale Menschen sind, nämlich mit Persönlichkeiten, Gefühlen und so weiter, so wie andere Menschen. Wir haben uns zum ersten Mal gesehen, als ich meinen Abschluss an der Uni gemacht habe. Ein paar Tage haben wir mit meiner Familie zusammen verbracht. Ich glaube, das war auch das erste Mal, dass meine Eltern und Geschwister Zeit mit einer weiteren kleinwüchsigen Person verbracht haben, außer nur jemand zu grüßen. Für mich war das ein gutes Erlebnis. Von Daniel habe ich auch gelernt, dass es nicht schwierig ist, allein zu reisen. Weit gereist bin ich aber noch nicht. Irgendwann muss ich noch nach Deutschland und in andere Länder reisen und einige Freunde und Verwandte besuchen.

Nach dem Abschluss des Studiums wollte ich auf Mission gehen. Bald habe ich herausgefunden, dass ich nicht an einem Ort dienen darf, wo ich von Tür zu Tür gehen müsste. Ich hätte nicht Rad fahren können, und es wäre auch zu schwierig gewesen, weit laufen zu müssen. Ich habe andere Möglichkeiten ausgesucht, und schließlich habe ich mich entschieden, in der Familiengeschichtsbibliothek zu arbeiten. Von dem Zeitpunkt, an dem ich bereit war, auf Mission zu gehen, bis zu der Zeit, als ich endlich auf Mission ging, dauerte es mehr als ein Jahr.

Ich wusste aber, dass ich dienen sollte, also habe ich gewartet. Während meiner Mission habe ich ein wenig gelernt, wie man seine eigene Genealogie erforscht und nach seinen Vorfahren sucht. Ich habe andere junge Leute kennengelernt, die auch irgendeine Behinderung haben. (Wenn man wirklich darüber nachdenkt, erkennt man, dass jeder eine Behinderung hat. Nur kann man diese manchmal sehr einfach sehen und manchmal nicht.) Ich wurde und bin noch sehr dankbar für meine Behinderung, denn ich weiß, wie ich damit umgehe. Einige von meinen Freunden, die ich auf Mission kennengelernt habe, müssen öfters ins Krankenhaus gehen; ich habe eigentlich nur wenig Zeit im Krankenhaus verbracht. Obwohl ich doch eigene Schwierigkeiten habe, bin ich dankbar für meine Schwierigkeiten und dass ich nicht die habe, die andere erleben müssen.

Während meiner Mission habe ich gelernt, wie man in einer Bibliothek katalogisiert. Ich habe Aufzeichnungen aus Russland und aus der Ukraine katalogisiert. Es war schön, dass ich die Gelegenheit hatte, eine Sprache aus meinem Studium zu benutzen. Ich habe auch schnell gelernt, alte Handschriften zu lesen. Ich habe bald erkannt, dass ich gern als Bibliothekarin arbeiten würde.

Nach der Mission bekam ich eine Arbeitsstelle als Katalogisiererin in der Familiengeschichtsbibliothek in Salt Lake City. Dort arbeite ich jetzt seit sechs Jahren. Obwohl ich nicht mehr die russischen Aufzeichnungen katalogisiere, habe ich in den letzen paar Jahren viel über unser Katalogsystem gelernt.

Diesen Job mag ich sehr, weil ich häufig die Gelegenheit habe, etwas Neues zu lernen. Ich bin keine Programmiererin, aber ich habe schon vieles über Datenbanken und so weiter gelernt, besonders über unsere Katalog-Datenbank.

Vor ein paar Jahren habe ich auch entschieden, weiter zu studieren. Ich studiere Bibliothekswissenschaften und werde in ein paar Jahren meinen Master-Abschluss machen. Dieses Studium ist interessant, da ich alles im Internet mache. Das heißt, dass fast keiner weiß, dass ich kleinwüchsig bin. Das muss man natürlich auch nicht wissen, denn ich lerne und studiere so wie andere Menschen es tun. Ich studiere gern, aber ich freue mich auch, dass es nicht mehr so lange dauert, bis ich den Abschluss mache.

In meiner Freizeit gehe ich verschiedenen Hobbys und Interessen nach. Ich habe schon erzählt, dass ich Musik gern habe und dass ich gern lese. Meine eigene Familiengeschichte und Genealogie lerne und erforsche ich auch gern. Neuerdings verbringe ich ein wenig Zeit mit meiner Großmutter, um ihre Geschichte kennenzulernen, damit alle ihre Nachkommen diese Geschichte hören und lesen können. Es macht mir auch Spaß, alte Aufzeichnungen zu erforschen und Namen und Daten von Vorfahren zu finden.
Ich konnte nie sehr gut bei den verschiedenen

Sportarten mitmachen, obwohl ich als Kind gern Softball und Handball in der Schule spielte. Ich schaue aber gern zu, besonders beim amerikanischen Football. Ich schwimme auch gern. Ich mag es sehr, im Wasser zu sein. Ich kann nicht so schnell wie andere Leute schwimmen, aber ich kann ziemlich gut schwimmen, besonders nachdem ich ein paar Kurse an der Uni belegt habe. Das Schwimmen macht mir immer noch Spaß.

In manchen Sachen ist mein Leben ein wenig anders als das meiner Freunde. Vieles ist zu hoch für mich. Zum Beispiel sind die Waschbecken in vielen Geschäften zu hoch. In manchen Läden merkt man nicht, dass ich da bin und dass ich warte, bis ich um Hilfe bitte. Ich fahre nicht Auto. Ich dürfte Auto fahren, und vielleicht sollte ich es noch irgendwann lernen. Zurzeit wohne ich in einer Stadt, wo ich sehr einfach zu Fuß gehen oder mit dem Bus fahren kann.
Es gibt natürlich Leute, die glauben, ich sei sehr anders. Manche machen sich lustig über mich, aber das passiert nicht mehr so oft. Ich erinnere mich an einen Jungen, als ich in der dritten Klasse war. Er machte sich lustig über mich, weil ich kleinwüchsig war. Meine Mutter erlaubte mir, ihm zu sagen: „Manche Leute sind klein, andere haben kleine Gehirne." Als ich es ihm gesagt habe, hat er mir geantwortet, „Wie du?" Darauf habe ich nicht geantwortet, denn ich wusste sofort, dass er mich

nicht verstanden hat und dass ich es ihm wahrscheinlich nicht erklären konnte.

Ich merke, wie Leute aus einem Auto oft zweimal herschauen, als ob sie sicher sein wollten, dass sie richtig gesehen haben. Ein paar Mal hat man mich gefragt, ob man mit mir ein Foto machen durfte, und ich habe auch gesehen, wie man vom Auto aus ein Foto von mir knipste. Manchmal stört mich das ein wenig, aber meistens muss ich nachher lachen. Kinder sind normalerweise neugierig, und es stört mich gar nicht, wenn sie mir Fragen stellen. Und wenn die Eltern das nicht erlauben, lächle ich sie trotzdem an und winke ihnen zu.

Mein Alltag ist nicht so sehr verschieden von dem vieler anderer Menschen. Ich stehe jeden Tag auf und gehe zur Arbeit. Ich arbeite 40 Stunden pro Woche, und wenn ich nach Hause komme, lerne ich. Ich habe Freunde, mit denen ich gern ins Kino oder ins Konzert oder Restaurant gehe.

Ich habe Lebensträume: manche, die ich in Erfüllung bringe, und manche, auf die ich wahrscheinlich noch warten muss. Mein größter Lebenstraum war es immer, zu heiraten und eine Familie zu haben. Ich weiß aber nicht, ob sich dieser Traum für mich erfüllen wird. Babys und kleine Kinder habe ich immer besonders gern gehabt, und es freut mich sehr, wenn ich Zeit mit meinem Neffen und meiner Nichte verbringen darf sowie auch mit den Kindern meiner

Freunde. Andere Träume kann ich wahr werden lassen: Ich studiere, und ich werde mein Studium abschließen. Ich würde gerne nach Deutschland und in andere Länder reisen, und das kann ich auch irgendwann tun.

Das Wichtigste für mich ist, dass ich einfach eine Person bin. Ich bin kleinwüchsig, aber das definiert mich nicht. Oftmals denke ich gar nicht daran, dass ich kleinwüchsig bin. Ein Freund von mir hat einmal gesagt, er denkt nie: „Da ist Cathy; sie ist kleinwüchsig", sondern „Da ist meine Freundin Cathy... (und dann sagt er laut) Hallo, Cathy." Ich erinnere mich oft daran, dass ich ein Kind von Gott bin, und dass auch jeder andere ein Kind Gottes ist. Es macht nichts, wie groß oder wie klein man ist. Es ist aber wichtig, dass wir zueinander freundlich sind und dass wir erkennen, dass jede Person wichtig ist und von Gott geliebt wird. So lernt man, sich selbst und die Leute um sich herum zu lieben.

GLÜCK UND UNGLÜCK

Eine Parabel aus China erzählt von einem armen Bauern, der einen kleinen Acker mit einem alten müden Pferd bestellte und mehr schlecht und recht mit seinem einzigen Sohn dort lebte.

Eines Tages lief ihm sein Pferd davon. Alle Nachbarn bedauerten ihn wegen seines Unglücks. Der Bauer blieb ruhig und sagte: „Woher wisst ihr, dass es Unglück ist?" In der nächsten Woche kam das Pferd zurück und brachte zehn Wildpferde mit. Die Nachbarn kamen und gratulierten ihm zu seinem großen Glück. Der Bauer antwortete bedächtig: „Woher wisst ihr, dass es Glück ist?" Der Sohn fing die Pferde ein, nahm sich das wildeste und ritt darauf los. Aber das wilde Pferd warf ihn ab, und der Sohn brach sich ein Bein. Alle Nachbarn kamen und jammerten über das Unglück. Der Bauer blieb wieder ruhig und sagte: „Woher wisst ihr, dass es ein Unglück ist?" Bald darauf brach ein Krieg aus, und alle jungen Männer mussten zur Armee. Nur der Sohn mit dem gebrochenen Bein durfte zu Hause bleiben.

Wir sehen Glück und Unglück oft nur vordergründig, ungenau und falsch. Wir denken – wie die Nachbarn - nur an das Sichtbare und Heutige. Aber die Dinge liegen oft ganz anders und tiefer und in größeren Zusammenhängen.

Gott sieht die Ereignisse ganz anders. Er sieht die Hintergründe, die Zusammenhänge und die Auswirkungen. Wichtiger als das Verstehen ist dann das Vertrauen.

Aus dem Buch: Überlebens-Geschichten für jeden Tag von Axel Kühner

DANKE

Danke für all die Ermutigungen dieses Buch zu schreiben, an meine ganze Familie, an meine Eltern und meine sieben Geschwister, an Freunde und Bekannte.

Danke an meinen ältesten Bruder David, der nicht nur das Vorwort und Kapitel vier verfasst hat. In vielen Bereichen meines Lebens ist er für mich Vorbild, Freund, Mentor und ein ganz besonderer Segen. Mein Dank geht auch an eine gute Freundin aus den USA, die Kapitel acht zusammen mit ihrer Mutter geschrieben hat, Cathy Stevenson. Dankeschön an Blanche Wiese, Sarah und Vanessa Hofmann, dafür, dass sie mein Manuskript Probe gelesen haben und für die vielen Verbesserungsvorschläge.

Danken möchte ich ganz besonders meiner Lektorin, Tabea Seeborg, die mit großem Einsatz und viel Geduld meine Gedanken geordnet, meinen Text überarbeitet und in logische Reihenfolge gebracht hat. Herzlichen Dank Tabea, für die vielen Stunden, die du an meinem Manuskript gearbeitet hast!

Daniel Marc Daum

ÜBER DEN AUTOR

Daniel Marc Daum, Jahrgang 1970, geboren in Mühlheim an der Ruhr, ist Autor von zwei Büchern: „Mit 130 cm durchs Leben" und „Spaghetti essen mit Gott".

Als Technischer Zeichner und Bürokaufmann arbeitet er seit 2010, als Sachbearbeiter in einem Abrechnungszentrum.

Als Trompeter hatte er fünf Jahre Musikunterricht. Er spielt heute noch auf seiner kleinen Trompete.

Wirklich bewundernswert ist seine positive und zugleich realistische Lebenseinstellung. Für die Gemeindezeitung hat er einen Artikel über die Notwendigkeit und Freude von positiven Gedanken und konkreter Zielsetzung geschrieben.

Obwohl er eher ein ruhiger Typ ist, entwickelt er tiefgehende Kontakte im Gespräch. Seine Gedanken sind tief und edel, sein Glaube von großer Stärke. Er hat den großen Wunsch, alles zu lernen und zu tun, um Erfolge zu erzielen.

Mit 25 Jahren hat er angefangen zu fotografieren und seitdem über 5 000 Bilder über Bildagenturen verkauft. Seine selbst erlernten Fertigkeiten in künstlerischen Bereichen, wie zum Beispiel Malen und digitale Bildbearbeitung, haben ihm schon zu vielen Aufträgen verholfen.

Zweimal war er im Fernsehen zu sehen, im Bayerischen Rundfunk im Rahmen seiner Ausbildung zum Technischen Zeichner und in Amerika in den Abendnachrichten, weil die Maschine, in der er mit flog, vom Blitz getroffen wurde.

Er ist kleinwüchsig.

Interview mit Daniel:
Über Barrierefreiheit reden

Heute veröffentliche ich auf meiner Seite zum ersten Mal ein Interview. Daniel Marc Daum kenne ich schon seit jungen Jahren. Ich habe ihn zur Barrierefreiheit befragt. Das Thema betrifft ihn persönlich. Daniel beeindruckt mich immer wieder, weil er so vielseitig begabt und engagiert ist. Er hat zu vielen Themen etwas zu sagen.

Daniel, du schreibst Bücher, du malst Bilder, du kochst leidenschaftlich. Wie schaffst du das alles neben dem Beruf? Dein Tag hat doch auch nur 24 Stunden.

Über das ganze Jahr verteilt habe ich etwa 40 Urlaubstage, also viel Zeit für meine Hobbys. Ich male, koche, schreibe Rezepte und Texte und fotografiere. Bei meinen Hobbys kann ich vom Alltag abschalten. Einfach mal die Seele baumeln lassen, besser als in der Arbeit am Computer oder daheim am Smartphone oder am TV.

In diesem Interview soll es um Barrierefreiheit gehen. Wir kennen uns schon viele Jahre. Bitte erkläre doch einmal unseren Leserinnen und Lesern, wie dich dieses Thema persönlich betrifft.

Für einen kleinwüchsigen Menschen, auch für mich, ist es schwer, sich selbst mit seinem kleinen Körper zu akzeptieren. Für viele Jahre mochte ich meinen Körper nicht. Ich schaute immer weg, wenn ich

Menschen sah, die kleinwüchsig waren. Kleinwuchs war für mich ein Tabuwort. Ich mochte dieses Wort und seine Bedeutung - "klein zu sein" - nicht.

Ich wollte immer "normal" sein, aber im Alltag musste ich feststellen, dass ich kleinwüchsig bin. Überall, wo ich hinkam, ob beim Einkaufen, auf dem Spielplatz, in der Schule, in der Ausbildung, im Beruf, in der Freizeit, in der Kirche, einfach überall stand meine zu kurz geratene Körpergröße im Vordergrund.

Im Alltag, fast überall, wo ich hingehe, scheitere ich an mangelnder Barrierefreiheit, an eingeschränkten Möglichkeiten, eigenständig und selbstständig sein zu können, um von A nach B zu gelangen. Ich muss mehr Zeit einplanen, wenn ich unterwegs bin. Barrierefreiheit ist ein sehr vielfältiges und wichtiges Thema, worüber es sich immer wieder lohnt, zu reden, um Barrieren im Alltag abzubauen.

Wie groß bist du genau?
Als ich auf die Welt kam, stellte man bei mir bald fest, dass ich nicht sehr groß werden würde. Man stellte bei mir Kleinwuchs mit der Bezeichnung Achondroplasie fest. Meine Körpergröße ist genau 130 Zentimeter groß! Wenn ich meine Schuhe anziehe, bin ich drei Zentimeter größer.

Wie schränkt dich deine Körpergröße im Alltag ein? Welchen Barrieren begegnest du bei der Arbeit, beim Einkaufen, in öffentlichen Verkehrsmitteln oder in der Freizeit?
Kleidungstücke müssen geändert werden, damit ein

kleinwüchsiger Mensch passende Kleidung hat. Mit den öffentlichen Verkehrsmitteln klappt es nicht so gut. Beim Einsteigen und Aussteigen, wenn ich mit Zug, Straßenbahn und Bus fahre, brauche ich Hilfe.

Beim Einkaufen, zum Beispiel in einem Einkaufsmarkt, sind die neuen Einkaufswägen größer - so groß, dass ich diese Wägen nicht mehr benutzen kann. In allen Einkaufsläden sind die Regale zu hoch, sodass ich immer jemanden fragen muss, ob man mir dies und jenes geben könnte. Meine Mutter kauft ein paar Sachen für mich ein, die ich alleine nicht einkaufen kann.

Die Rolltreppen im Einkaufszentrum, am Flughafen und Bahnhof, waren damals langsam und heute sind sie schneller - oft zu schnell, deshalb benutze ich lieber einen Aufzug, wenn einer in der Nähe ist. Treppen steigen geht nur langsam und braucht körperliche Anstrengung.

Wo und wobei schränkt dich deine Körpergröße im Alltag nicht ein?

Mein Auto ist auf mich abgestimmt, sodass ich damit sehr gut und eigenständig fahren kann. In meiner Arbeit und Wohnung ist vieles optimal auf meine Größe eingerichtet, zum Beispiel mein Tisch, mein Schrank und mein Stuhl. Im Badezimmer habe ich einen eigenen Spiegel – das ist sehr wichtig, sonst weiß ich nicht, wie ich früh am Morgen aussehe. Schwimmen kann ich sehr gut, obwohl ich kurze Arme und Beine habe. Ich kann gut Trompete spielen, so wie jeder andere auch. Mit meinen Händen kann ich gut malen, zeichnen und schreiben.

Wie reagieren Menschen auf dich? Gibt es Reaktionen, über du dich ärgerst?
"Du Zwerg" oder "du Liliputaner" klingt in den Ohren eines kleinwüchsigen Menschen sehr schmerzlich (auch in meinen Ohren) und beleidigend. Es wird als abwertend empfunden, als kleinwüchsiger Mensch, als Zwerg oder Liliputaner bezeichnet zu werden. Menschen mit Kleinwuchs sind genauso ein Menschen, wie jeder andere Mensch das auch ist, nur eben halt körperlich klein gewachsen.

Mittlerweile kann ich gut damit umgehen, wenn Menschen aufgrund meiner Körpergröße unnormal, verlegen oder komisch reagieren. Die allermeisten Menschen reagieren positiv und sehr freundlich, wenn sie mich sehen oder wenn ich sie anspreche.

Über welche Begegnungen freust du dich?
Auf der Straße höre ich oft, wie kleine Kinder ihren Eltern die Frage stellen: "Mama, warum ist der Mann so klein?" Oder sie rufen: "Mama, guck mal, der Mann dort!" Meistens geben die Eltern sehr gute Antworten, zum Beispiel: "Es gibt auch kleine Menschen."

Was wünschst du dir von der Politik? Wo besteht Handlungsbedarf?
Ich wünsche mir, dass Unternehmen mehr Menschen einstellen, die eine Behinderung haben. Und dass auch Menschen mit einer Behinderung besser in unsere

Gesellschaft eingegliedert werden. Barrierefreiheit überall da, wo Menschen wohnen und hingehen zur Arbeit, zum Einkaufen, zum Restaurant, zu kulturellen Veranstaltungen, Kirche, Konzert, Museen, Schwimmbäder und so weiter.

Haben kleine Menschen eine Lobby?
Ja, den Bundesverband Kleinwüchsige Menschen und ihre Familien -... (BKMF) und den VKM.
LKMF Baden-Württemberg/BKMF: In der Bundesrepublik leiden ungefähr 100.000 Menschen an Wachstumsstörungen. Der LKMF habe es sich zur Aufgabe gemacht, Eltern und Betroffene zu beraten und die verschiedenen Formen des Kleinwuchses zu erforschen. Der Verein ermöglicht Kontakte zu anderen Betroffenen und Ärzten, erarbeitet Behandlungsprotokolle und biete Hilfen bei Behördengängen. Der LKMF (Lobby für kleinwüchsige Mitbürger) ist Teil des Bundesverbandes Kleinwüchsiger Menschen und ihrer Familien e. V. (BKMF e.V.) mit Sitz in Bremen.
VKM: Das Hauptziel vom VKM ist die „Verbesserung der Lebensqualität kleinwüchsiger Menschen". Der VKM ist ein „Verband Kleinwüchsiger Menschen", ein Bundesverband, und ist in den einzelnen Bundesländern vertreten.

Hast du den Eindruck, es kümmert sich jemand um deine Anliegen?
Ich bin Mitglied im VKM (Verband Kleinwüchsiger Menschen/Landesverband Baden Württemberg). Ja,

der VKM kümmert sich sehr gut um die Anliegen von Menschen mit Kleinwuchs. Jedes Mitglied kann den Verein aktiv mitgestalten.

Wenn du selbst Politiker wärst, was würdest du dann als erstes tun?
Die Familie in den Mittelpunkt stellen. Die Barrierefreiheit voranbringen für Menschen mit Behinderung und für Menschen, die alt sind. Ich würde zuhören, was Menschen sagen, und deren Anliegen und Vorschläge umsetzen.

Was willst du unseren Leserinnen und Lesern noch mit auf dem Weg geben?
Jede Stimme zählt, damit die Demokratie in unserem Land erhalten bleibt. Es lohnt sich, aufzustehen und für das Gute und Wahre in unserer Gesellschaft zu kämpfen. Der Mittelpunkt unserer Gesellschaft ist die Familie.

Vielen Dank, lieber Daniel.

Autor & Illustration
Daniel Marc Daum
Weberdobel 1
79256 Buchenbach/Germany